Teuflische Orte, die man gesehen haben muss

Heiko Hesse

Teuflische Orte, die man gesehen haben muss

edition q im
be.bra verlag

Bibliografische Information der Deutschen Nationalbibliothek
Die Deutsche Nationalbibliothek verzeichnet diese Publikation in der Deutschen Nationalbibliografie; detaillierte bibliografische Daten sind im Internet über http://dnb.d-nb.de abrufbar.

KulturBrauerei Haus 2
Schönhauser Allee 37, 10435 Berlin
Lektorat: Matthias Zimmermann, Berlin
Satz: typegerecht, Berlin
Schrift: DTL Paradox, Seravek
Druck und Bindung: Multiprint, Kostinbrod
ISBN 978-3-86124-717-3

www.bebraverlag.de

Inhaltsverzeichnis

Vorneweg 13

Die Sache mit dem Daumen
1 Wie die Aachener den Teufel zwei Mal überlistet haben 14

Lebensgefährliche Aussicht
2 Das Teufelsloch hoch über der Ahr 16

Unterwegs die Ladung verloren
3 Wie der Teufel das Felsenmeer in der Davert schuf 18

Jeder Glockenschlag ein Stich in die Brust des Teufels
4 Der Perlachturm in Augsburg 20

Teufelsstein und Höllenschlund
5 Der Böse wirkt in Bad Belzig 22

Wo der Hintern des Bösen im Walde liegt
6 Der Teufelsstein bei Bad Dürkheim 24

Richtig müde Beine
7 Der schwerste Weg auf den Brocken 26

Von wegen nur eine Sage
8 Der handfeste Streit um die Teufelsskulptur in Bad Laer 28

Die Seele des dummen Esels
9 Wie Burg Rheingrafenstein vom Teufel gebaut wurde 30

Der Blutdurst des Bösen
10 Die Teufelskammer auf dem Deister 32

Im tiefen Tal der Hoffnungslosigkeit
11 Im Schwarzwald tauschte der Teufel einen Stein gegen ein Herz ein 34

Die ganze Pracht der Gier und des Verderbens
12 Das Höllenbild in St. Marien in Bergen 36

Ruine ist nicht gleich Ruine (13)
13 Die Teufelsbrücken von Baumeister Persius in Potsdam und Berlin 38

Der unheimliche Riss
14 Wie der Teufel einen vorlauten Burschen aus der Nikolaikirche in Spandau entführte 40

Zu den Ohren des Kalten Krieges
15 Der Teufelsberg im Berliner Grunewald 42

Aus der Hölle nach Berlin
16 Ein echter T. rex fasziniert die Besucher des Naturkundemuseums 44

Des Teufels General
17 Wie sich Flieger Ernst Udet dem Bösen verschrieb 46

Teuflisch gute Klettertour
18 Die Teufelsmauer bei Blankenburg 48

Ein Heiliger wettet mit dem Bösen
19 Der Teufelsstein von St. Ulrich im Hochschwarzwald 50

Die Rache der Slawen
20 Warum der Brandenburger Dom beinahe eingestürzt wäre 52

Wenn der Teufel den Leuten Sand in die Augen streut
21 Wie der Mariengrund in Brandenburg an der Havel entstand 54

Mit Ruhe und Beharrlichkeit
22 Der arme Teufel zu Füßen des Bremer Rolands 56

Luzifers Schwung
23 Wie der Teufel einen Mühlstein nach der Rottstocker Kirche warf 58

Wo der Kurpfalzjäger seiner Lust frönte
24 Der Teufelsfels im Soonwald 60

Unglaublicher Hexenwahn
25 In Büdingen wurden Hunderte Menschen des Teufels bezichtigt und ermordet 62

Die Liebe wiegt schwerer als das Böse
26 Der Teufel am Michaelisbrunnen in Buttstädt 64

Weiß der Teufel, wo die Hamelner Kinder stecken
27 Ein Ursprung der Rattenfängersage bei Coppenbrügge 66

Darum ist alles so schön krumm
28 Auf Ochsentour mit dem Teufel durch den Spreewald 68

Wie der Muttermörder der Hölle entkam
29 Der Teufelskeller bei Drosa in Sachsen-Anhalt 70

Den Teufel an die Wand gemalt
30 Auf der Wartburg musste Martin Luther den Anfechtungen des Leibhaftigen widerstehen 72

Das Bild vom Bösen
31 Spiel mit dem Teufel am Drehort Kloster Eberbach am Rhein 74

Gekämpft wie tausend Teufel
32 Die Dusenddüwelswarf in Dithmarschen 76

Echt zum Heulen
33 Warum der Teufel so sauer auf die Esslinger ist 78

Die Spuren des Bösen
34 Der Teufelsstein bei Feldberg in Mecklenburg 80

Pass bloß auf!
35 Der Brückenhahn mahnt Schiffer auf dem Main in Frankfurt zur Vorsicht 82

Der betende Teufel
36 Das Tympanon im Freiburger Münster und seine diabolischen Darstellungen 84

Ortsgründungen dank des Teufels
37 Wie die Bredows ins Havelland kamen 86

Kein guter Ort für Lästermäuler
38 In Fulda leuchtet der Teufel den bösen Zungen den Weg 88

Kein Bann hält ewig
39 Der Teufel im Krüppel und das Ringen gegen Atomstrom in Gelsenkirchen-Nord 90

Teuflisch lecker
40 Die Teufelskanzel bei Gerbershausen und ein geheimnisvolles Gasthaus 92

Wo Manfred Krug ein Wilddieb war
41 Die Teufelsmühle bei Glashütte im Erzgebirge 94

Teufels Werk im heiligen Haus
42 Als in Goslar zwei geistliche Würdenträger in der Kirche aufeinander einschlugen 96

Der Berg ruft
43 Durch die Höllentalklamm zur Zugspitze ... 98

Höllisch schön gelungen
44 Die Teufelsmühle in Ilbeshausen im Vogelsberg ... 100

Der Meister der Verführung
45 Wie die Halberstädter den Teufel linkten,
der aber ein Denkmal bekam ... 102

Verdammt in alle Ewigkeit
46 Die Teufelsküche bei Haldensleben ... 104

»Des Teufels Intendant«
47 Gustaf Gründgens im Spiel mit dem Bösen ... 106

Der Böse, der um Gnade fleht
48 Die Engel-Teufel-Skulptur am Hamburger Michel ... 108

Wo Satan mit Störtebeker Zwiesprache hielt
49 Die Teufelsbrücke an der Hamburger Elbchaussee ... 110

Die Wohltat des Schwefels
50 In Hannovers Stadtwald Eilenriede liegt das Teufelsbad ... 112

Der Lauscher an der Wand
51 Ein Horn des Teufels hat sich in den
Hildesheimer Dom eingebrannt ... 114

Holz hält nicht ewig
52 Das Hirsch-Denkmal hoch über dem Höllental bei Hinterzarten ... 116

Keine Ruhe vor den Christen
53 Was der Wackelstein der Externsteine
mit dem Teufel zu tun hat ... 118

Hüte dich vor dem Vogelsteller
54 Die uralten Teufelslöcher bei Jena ... 120

Die roten Teufel vom Betzenberg
55 Kaiserslauterns Fußball und seine Fans ... 122

Der klare Blick auf das Böse
56 Wie Schriftsteller Lessing aus Kamenz den Teufel sah ... 124

Ein berühmtes und gefürchtetes Schauspiel
57 Die Teufelsbrücke in Kassel-Wilhelmshöhe ... 126

Der Zorn des Himmels
58 Wie bei Prützke eine Gaststätte zur Hölle fuhr 128

Verrückte Welt
59 Warum die Kirche im brandenburgischen Rädel verkehrt herum steht 130

Was lange währt
60 Wie der Teufel den Bau des Kölner Doms behindert, aber nicht verhindert hat 132

Von wegen süße Häschen
61 Weshalb der Teufel im Jagdfries am Kaiserdom in Königslutter steckt 134

Die tückische Tiefe gibt keinen mehr her
62 Der Teufelstisch im Bodensee 136

Der versteckte Teufelsberg
63 Wo ein märkischer Adeliger einen Pakt mit dem Bösen schloss 138

Wo der Böse erfrischend ist
64 Die Teufelsküche in Landsberg am Lech 140

Die verzauberten Studenten
65 Faust und der Teufel in Auerbachs Keller in Leipzig 142

Das diabolische Sprudeln
66 Warum in Hölle im Frankenwald kein Zug mehr hält 144

Das große Chaos auf der Kuppe
67 Die Teufelsmühle bei Loffenau im Nordschwarzwald 146

130 teuflische Meter
68 In Lübeck geht es durch das Fegefeuer ins Paradies 148

Wer zuletzt lacht
69 Das fröhliche Teufelchen vor der Lübecker Marienkirche 150

Vom Popeln und Pinkeln
70 Der Faun- oder Teufelsbrunnen im Magdeburger Stadtzentrum 152

Der Groll des Bösen währet ewiglich
71 Der Teufelsfluch über der Katharinenkirche in Magdeburg 154

Zur Hölle mit der Geschichte
72 Das Ringen um den Erhalt der Mannheimer Teufelsbrücke 156

Misstraue nie einem gutherzigen Weibe
73 Warum der Teufel einen Mayener Kirchturm verdreht hat 158

Vom Pfäfflein und der Teufelswurst
74 In Mechtshausen hinterließ Wilhelm Busch
einen diabolischen Gruß 160

Mit dem Bösen im Bunde
75 Ein Pfarrer im friesischen Medelby war des Teufels Schüler 162

Wenn der Böse Zwietracht sät
76 Der alte Schlüsselstein bei Mellrichstadt 164

Diabolischer Luftsprung
77 Warum der Teufel einen Abdruck in der
Münchner Frauenkirche hinterließ 166

Ab ins Bett, sonst holt dich der Nachtkrabb
78 Der Waldrapp und die Teufelsmauer bei Murrhardt in Schwaben 168

Bis Dir der Teufel nicht mehr dienen will
79 Der Junker-Hansen-Turm im mittelhessischen Neustadt 170

Der Teufel hat den Schnaps gemacht
80 Wie der Branntwein nach Nordhausen kam 172

Die Hölle unter Tage
81 Das KZ Mittelbau-Dora im Kohnstein in Thüringen 174

Warnung an alle Betrüger
82 Das Teufelsbrünnlein in Nürnberg 176

Auf ein Tänzchen mit dem Teufel
83 Der mysteriöse Blutfleck im Herrenhaus Hoyerswort 178

Diabolische Bauwerke vor beeindruckender Kulisse
84 Der Teufelsstein an der Saarschleife 180

Wo der Teufel in die Luft ging
85 Ein Gemälde aus dem Spätmittelalter
zeigt Satan am Beichtstuhl 182

Doof bleibt doof
86 Warum es im Teufelsmoor bei Bremen
so wenig diabolisch zugeht 184

Die Erde bewegt sich
87 Hölle, Teufelsmühle und zwei Sühnesteine in Oybin bei Zittau 186

Mit Satan zu den Sternen (88)
88 In Peenemünde haben Techniker ihre Seelen an den Teufel verkauft 188

In die dunkle Tiefe hinab
89 Der Teufelssee am Rande von Potsdam 190

Lass dir bloß keinen Bären aufbinden
90 Die Teufelshöhle in der Fränkischen Schweiz 192

Leg dich nie mit einem Erzengel an
91 Des Teufels Versuch, den Heiligen Georg in Prenzlau zu berauben 194

Das Böse lauert hinter dem Schilf
92 Der versteckte Teufelsstein bei Pudagla auf Usedom 196

Ein teuflischer Irrtum
93 Warum Moses im Ratzeburger Dom Hörner trägt 198

Wo die Maid im Innern winselt
94 Des Teufels Schloss im Großen Markgrafenstein bei Rauen 200

Weil auch Tiere Seelen haben
95 Die Teufelsbrücke über die Donau in Regensburg 202

Mörderisches Wasser
96 Der Teufelsbach in Remscheid-Hohenhagen 204

Über den Deister zum Teufel gehen
97 Ein höllischer Höhenzug im westlichen Niedersachsen 206

Die ewig Trinkende
98 Die Sage um die Teufelskuhle in Rostock 208

Bis die Säulen zerbrachen
99 Wie der Teufel den Bau des Klosters Paulinzella störte 210

Teufelszeug in leuchtenden Farben
100 Das alte Vitriolbergwerk in Schmiedefeld am Rennsteig 212

Wo wirklich einmal ein Krug verschwand
101 Vom Untergang der Waldhalle bei Sellin 214

Ewig lockt das Weib
102 Die teuflisch-schöne Loreley hoch über dem Rhein ... 216

Zur Hölle mit den Millionen
103 Die kostspielige Teufelstalbrücke bei Hermsdorf ... 218

Meister des Grauens
104 Wie Max Schreck die Welt das Fürchten lehrte ... 220

Teuflisches Verwirrspiel
105 Wer war Dr. Faust und starb er wirklich in Staufen? ... 222

Wo der Böse die Leute verführt
106 Die sieben Todsünden an der Chorschranke der Nikolaikirche in Stralsund ... 224

Der Teufel tanzt mit der Mode
107 Der Hexentanzplatz in Thale ... 226

Die Kraft der Elle
108 Wie ein Schneider bei Treuenbrietzen dem Teufel entkam ... 228

Allen Versuchungen widerstanden
109 Die Teufelsschlucht bei Wehlen in der Sächsischen Schweiz ... 230

Und bin so klug als wie zuvor
110 Wo man Goethes teuflisch gutem Drama in Weimar begegnen kann ... 232

Der mysteriöse Tod im alten Kornhaus
111 War der Herzog von Sachsen-Weimar des Teufels? ... 234

Die letzte Niete
112 Warum das Teufelsgitter zu Wismar unvollendet blieb ... 236

Ortsregister ... 238
Karte ... 239
Bildnachweis / Über den Autor ... 240

Vorneweg

Warum, zum Teufel, so ein diabolischer Reiseführer? Weil es einfach Zeit war, diesen Spuren zu folgen, die so viele Menschen hinterlassen haben. »Ach, endlich mal kein Engelsbuch«, seufzte eine Mitarbeiterin der Stralsunder Nikolaikirche erleichtert, als ich mit ihr über das Vorhaben sprach. An so vielen Orten in Deutschland stößt man auf Teufel, doch wahrgenommen werden sie kaum. Dabei offenbaren die Teufelssteine, Teufelsküchen, Höllen und Fegefeuer unglaublich viel über die Menschen und ihre Zeit – über ihre Ängste, ihre Machtgelüste, ihre Gepflogenheiten, ihren Glauben, ihre Gier und ihre Irrtümer.

An den teuflischen Orten erwarten den Leser Geschichten, die er aus anderen Zusammenhängen kennt. Man trifft einen betenden Teufel in Freiburg, steht vor den Raketen des Wernher von Braun in Peenemünde, sucht den Tintenfleck in Luthers Stube auf der Wartburg, begegnet Hans Fallada in Mecklenburg, steigt mit Dr. Faust in Auerbachs Keller in Leipzig, läuft mit Fritz Walter ins Kaiserslauterner Stadion ein, schweigt vor dem Grab des großen Schauspielers Gustaf Gründgens und sucht nach den verschollenen Kindern von Hameln.

Dass sehr oft Kirchen das Ziel der Touren sind, liegt in der Natur der Sache. Den Teufel in seiner heutigen Prägung haben die Christen geschaffen. Sie haben vorchristliche Kultplätze als Teufelsorte diskreditiert und den Leibhaftigen nicht selten in den Kirchen dargestellt. Der Kampf des Guten gegen das Böse ist gerade dort präsent.

Ob der Teufel ein Kerl mit Hörnern, Pferde- oder Ziegenhuf, zänkischer Großmutter und Schwefelgestank ist, muss jeder für sich entscheiden. Manche sehen ihn in Gestalt verführender Personen, und die können durchaus in edlen Gewändern und Wohlgeruch daherkommen. Ich halte es mit Umberto Eco, der in seinem Buch »Der Name der Rose« den Teufel des Öfteren bemüht. Ein sehr gutes Beispiel: »Der Teufel ist nicht der Fürst der Materie, der Teufel ist die Anmaßung des Geistes, der Glaube ohne ein Lächeln, die Wahrheit, die niemals vom Zweifel erfasst wird.«

Zwischen Flensburg und Garmisch, Bautzen und Aachen gibt es sehr viel mehr als die hier vorgestellten 112 teuflischen Orte. Wer meint, dass in dieser Sammlung welche fehlen, schicke mir (über den Verlag) Fotos und ein paar Stichworte dazu. Sollte es einen zweiten Band geben, nehme ich diese Orte auf.

Nun viel Vergnügen beim Lesen und Entdecken. Und immer daran denken: »Der einzige Beleg, der für die Anwesenheit des Teufels spricht, ist jedermanns Begierde, ihn am Werk zu sehen« (ebenfalls von Umberto Eco).

Heiko Hesse

Die Sache mit dem Daumen

Wie die Aachener den Teufel zwei Mal überlistet haben

Die Leute haben keine Ehrfurcht. Früher hätten sie einen großen Bogen um Satan geschlagen, heute würden ihn die Menschen über den Haufen fahren, wenn er ihnen im Weg ist. Auf dem Lousberg in Aachen mussten besorgte Mitbürger das Teufelsdenkmal eigens mit einer Kette vor den Autofahrern schützen, denen nichts heiliger ist als ein Stellplatz für das geliebte Verkehrsmittel.

Bildhauerin Krista Löneke-Kemmerling hat eine zentrale Aachener Sage auf ihre Weise umgesetzt. 1985 schuf sie einen Teufel, der am Boden sitzt und sich mit der linken Hand verzweifelt den Kopf kratzt. Davor steht eine stolze, kräftige Marktfrau, die für Luzifer nur ein mildes Lächeln übrig hat. Dieses Ensemble hat man auf den Lousberg nördlich der Aachener Innenstadt gesetzt, und das aus gutem Grund.

Beim Bau des Doms soll den Aachenern das Geld ausgegangen sein. Alle Versuche, mit weltlichen Mitteln wieder in die Spur zu kommen, etwa mit höheren Steuern, waren erfolglos. Da blieb den Leuten nur, auf das Angebot des Teufels einzugehen. Der Deal: In Windeseile baue er das Gotteshaus auf seine Kosten zu

Das Teufelsdenkmal am Lousberg

Ende. Dafür bekomme er die erste Seele, die den fertigen Dom betritt. Die Aachener willigten ein, der Böse legte los, und wie alles stand, wollten die Leute keinen Mitbürger opfern. Stattdessen führten sie einen Wolf hinein. So war es zwar aus Sicht des Teufels nicht ausgemacht, aber Seele bleibt nun mal Seele. Wütend brauste Luzifer auf. Doch als das Domportal zuschlug, passte er nicht auf. Sein Daumen blieb an der Tür hängen und riss ab.

Das Portal des Aachener Doms

Der dunkle Fürst sann auf Rache. Sollten die frechen Aachener mit ihrer Kirche doch im Boden verschwinden, dachte er sich. Er zog aus, lud Sand in Säcke und schleppte sie nach Aachen. Das ganze Tal wollte er füllen. Ob er den Sand wirklich von der Nordsee holte, wie eine Heimatautorin schrieb, ist nicht überliefert. Jedenfalls kam er mit der schweren Last keuchend von Norden heran. Er wusste nicht, dass er fast am Ziel war, und wollte kurz verschnaufen.

Da kam eine Marktfrau daher. Wie weit es denn noch bis Aachen sei, fragte der Teufel die Frau. Sie erkannte sofort, wer da vor ihr stand. Aus ihrem Beutel fischte sie einen uralten Kanten Brot und sie zeigte dem Teufel ihre durchgelaufenen Schuhe. Und schwindelte: »Seht, guter Mann, beides habe ich auf dem Markt in Aachen neu erstanden, von dem ich gerade komme. Ihr seht, wie weit ich gelaufen bin.« Satan war dermaßen erschöpft, dass er die Säcke einfach fallen ließ. Sie platzten auf und bildeten den Lousberg und den Salvatorberg unmittelbar vor der Stadt. Mit dem Namen »Lousberg« haben sich die Aachener selbst geadelt. »Lous« bedeutet im dortigen Plattdeutsch »schlau«.

Als das Aachener Teufelsdenkmal enthüllt wurde, entdeckte man einen kleinen Fehler der Bildhauerin. Doch louse Aachener korrigierten ihn klammheimlich. Seither fehlt dem sitzenden Teufel an der rechten Hand der Daumen. Sage hin, Sage her, Ordnung muss sein.

Info 1

Das **Denkmal** steht am Ende der Kupferstraße in Aachen.

Lebensgefährliche Aussicht

Das Teufelsloch hoch über der Ahr

Das ist kein Scherz: Die Aussicht am Teufelsloch in Rheinland-Pfalz ist lebensgefährlich. Im Herbst 2015 stürzte eine Wanderin an dieser sagenumwobenen Stelle hoch über der Ahr 17 Meter in die Tiefe und erlag im Krankenhaus ihren schweren Verletzungen. Da können die Einheimischen und die Fremdenverkehrsexperten warnen, wie sie wollen. Die Tragödie ist offensichtlich kein Einzelfall. In der Region um Altenahr »häufen sich solche Einsätze in den letzten Jahren«, zitiert der Kölner »Express« einen Feuerwehrmann. So sehr, dass die Feuerwehr eigens eine Spezialgruppe »Absturzsicherung« gebildet habe. Dass die Frau, die am Teufelsloch ums Leben gekommen ist, Wanderschuhe trug, zeigt wie gefährlich diese Ecke ist. Auch wenn der Ausblick teuflisch schön ist und seit ewigen Zeiten als beliebtes Motiv für Ansichtskarten dient.

Der Sage nach stieß der Gottseibeiuns im Tal der Ahr auf Land und Leute, die ihm gefielen. Mehr noch brachte ihn der vorzügliche Rotwein auf den Geschmack, in dieser Ecke zu bleiben. So vergaß er, nach Hause zurückzukehren. Wie er eines schönen Tages, und von solchen schönen Tagen gibt es an der Ahr wirklich viele, auf dem Berg gegenüber der Burg Are saß und es sich gut gehen ließ, trat eine zauberhaft schöne Maid an ihn heran. Und wie das so ist: Steigt die Liebe in den Kopf, ist der Verstand im Arsch. Der verknallte Teufel erkannte nicht, dass es sich nicht um ein süßes Mädchen handelte, sondern um seine Großmutter, die sich verkleidet hatte.

Er griff sich die vermeintlich Schöne und wollte sie inniglich herzen. Doch das war Oma zuviel, und im Handumdrehen verwandelte sie sich zurück in ihre eigentliche Gestalt. Erst rutschte dem Teufel vor Schreck das Herz in die Hose, dann packte ihn die blanke Wut – oder war es die Angst vor der Standpauke dafür, dass er sich so lange nicht gemeldet hatte? Jedenfalls schnappte er sich seine Großmutter und schleuderte sie durch die Felswand hinunter in die Hölle zurück, berichtet die Sage. Zurück blieb das Loch, durch das man auf die Ruine der Burg Are und eine herrliche Landschaft schauen kann. Kein Wunder, dass es die Menschen an diese einzigartige Stelle zieht. Der Streit des Teufels mit seiner Großmutter taucht in der Sagenliteratur immer wieder auf.

Der Weg zum Teufelsloch ist ausgeschildert. Man kann zum Beispiel am Rotweinwanderweg die Ahr entlang in Altenahr einen Abstecher nutzen. Doch Vorsicht in der Nähe des diabolischen Ausblicks. Es soll ja nicht die letzte Wanderung sein.

Blick durch das Teufelsloch im Jahre 1908

Info **2**

In Altenahr, Landkreis Ahrweiler, auf dem Parkplatz vom Sessellift parken, aus dem Ort heraus über die Ahr gehen und dem Wanderweg 7 bis zum **Teufelsloch** folgen.

Unterwegs die Ladung verloren

Wie der Teufel das Felsenmeer in der Davert schuf

Merkt es der Teufel wirklich nicht? Da fliegt er mit großen Säcken über das Land, mal mit Sand beladen, mal mit Steinen. Er passt nicht auf, der Stoff reißt, und nach und nach verliert der Böse seine Ladung – ohne es zu bemerken. Daraus sind, vielen Sagen nach, alle möglichen Hügel und Berge entstanden.

In Westfalen war es ein spitzer Stein. Zu Fuß zog der Böse mit einem Sack voller Felsbrocken von hier nach da. Der Sack schrammte einen Stein, riss ein, und sein Inhalt begann herauszufallen. An der Grenze zum Sauerland gab der Stoff gänzlich nach und alle Brocken, die noch drinnen waren, purzelten heraus. So, sagt man, entstand das Felsenmeer, Teil der Davert, einer ausgedehnten Flachmulde im zentralen Münsterland.

Und Luzifer? Ein Bauer aus Davensberg will an einem Sonntagabend auf dem Heimweg einem Kiepenkerl begegnet sein. Der saß neben seiner Kiepe, rauchte ein Pfeifchen und kam mit dem Bauern ins Gespräch. Wie sie wieder auseinandergingen, bekam der Bauer einen heftigen Schlag auf den Rücken

Das Felsenmeer im Davert, um 1925

und fiel zu Boden. Als er sich aufrichtete, war der Kiepenkerl fort. »Da erkannte der Bauer, dass der Leibhaftige ihm den Schlag versetzt hatte«, heißt es in der Sage, »denn der Schlag war genau wie der eines Pferdehufs«.

Geht man von Davensberg über die Autobahn 1 hinweg in Richtung Rinkerode, stößt nach gut zwei Kilometern der Grüne Weg auf die Straße. In diesem Bereich steht die Teufelseiche, ein wahrhaft diabolisch anmutender Baum. Rund 200 Jahre alt soll die 20 Meter hohe Eiche sein. Mit einem Stammumfang von mehr als drei Metern macht der Baum einen vitalen Eindruck, auch wenn er mit der Zeit einige starke Äste verloren hat.

Die Teufelseiche in Ascheberg

Noch vor 200 Jahren war die Davert südlich von Münster sehr unwegsam und von feuchtem Sumpf- und Bruchwald bedeckt. Hinzu kamen karge Heidegebiete und kleine Moore – eine gruselige Landschaft. »Aus dieser Zeit«, sagt man, »stammen zahlreiche volkstümliche Sagen und Märchen.«

Auf Burg Davensberg, mitten in der Davert, lebte vor vielen Hundert Jahren ein mächtiger Ritter, erzählt eine dieser Geschichten. Es war ein rauer, unfreundlicher Mensch, der seine Untertanen die Knute spüren ließ. Er sei mit dem Teufel im Bunde, waren die Leute überzeugt. Einst war der Ritter an einem Ostersonntag auf der Jagd. Als man ihn warnte, den hohen Festtag nicht zu entheiligen, lachte der rüde Ritter bloß und rief: »Ich will nie ins Himmelreich kommen, wenn ich heute nicht einen Hirsch erlege.« Seit diesem Tage ward er nicht mehr gesehen, jedenfalls nicht als Mensch aus Fleisch und Blut. Man sagt, der Ritter gehe mit seinen Jagdfreunden in der Davert um. Sobald es dunkel werde, höre man das wilde Treiben, Hundegebell und Holla-Rufe. Ruhe sei erst, wenn er einen Hirsch erlege. Das ist bis heute nicht geschehen.

Info **3**

Die **Teufelseiche** steht am Rinkeroder Weg/Ecke Grüner Weg in Ascheberg, Ortsteil Davensberg, Landkreis Coesfeld.

Jeder Glockenschlag ein Stich in die Brust des Teufels

Der Perlachturm in Augsburg

Michael kennt kein Erbarmen. Er sticht zu. Der knallrote Teufel zu seinen Füßen hat das Maul weit aufgerissen, und bei jedem Stich wirft er den Kopf hin und her und zappelt mit den Beinen. Solange sich der Teufel regt, dringt Erzengel Michael weiter auf ihn ein, mit jedem Schlag der Stundenglocke im Perlachturm in der Augsburger Altstadt. Der Turamichele, hochdeutsch: Turm-Michael, gehört zu den bemerkenswerten Teufelsdarstellungen in Deutschland.

Das mechanische Figurenspiel, das man jedes Jahr nur um den 29. September herum erleben kann, dem Michaelstag, stellt den ewigen Kampf des Guten mit dem Bösen dar. Zwischen 10 und 18 Uhr schiebt sich das hölzerne Gebilde aus dem untersten Fenster des alten Wachturmes. Zu jeder vollen Stunde ringt der goldene Michael den roten Teufel nieder, jeder Glockenschlag ein Stich mit der Lanze.

Unzählige Menschen erwarten das Turamichele, hier um 1935

Das erste Turamichele-Spiel soll aus dem Jahr 1526 stammen, geschaffen von dem Bildhauer Christof Murmann dem Jüngeren und dem Uhrmacher Georg Marquart. Schriftlich erstmals erwähnt wird es allerdings erst in einer Familienchronik aus dem Jahr 1616. Kaum war die freie Reichsstadt Augsburg dem Königreich Bayern zugeschlagen, untersagte die neue Regierung das Schauspiel. Das war 1806. Über die Ursache kursieren zwei Versionen: Offiziell hielt der bayerische König diese Darstellung für albern und im Sinne der Aufklärung für unwürdig. Inoffiziell heißt es, die Augsburger hätten im Geiste die neuen Machthaber in ihrem Turmteufel gesehen. Immerhin hielt das Verbot 16 Jahre, dann ließen Seine Majestät aus München die Augsburger wieder gewähren.

Erzengel Michael ersticht den Teufel

Im Zweiten Weltkrieg wurden der Turm und das alte hölzerne Spielwerk schwer beschädigt. Doch die Augsburger waren findig. Mit ausdrücklicher Genehmigung der US-amerikanischen Besatzungsmacht führten sie das Turamichele-Spiel eben live auf, erstmals im Jahr 1946 und mit zwei Schauspielern auf einem Holzpodest am Perlachturm. Schon drei Jahre später war echter Ersatz da. Der Augsburger Malzfabrikant Ernst Gebler spendierte seiner Stadt eine neue hölzerne Figurengruppe, Bildhauer Karl Hoefelmayr aus Kempten im Allgäu schuf sie.

Inzwischen haben die Augsburger das Turamichele-Fest zu einem großen Kinderfest entwickelt. An den Tagen um den 29. September strömen die kleinen und großen Leute zuhauf dorthin und zählen laut jeden Stich, den der Erzengel in die Brust des Gottseibeiuns fahren lässt. Nicht wenige Kinder lassen dazu Luftballons mit Zetteln aufsteigen, beschrieben mit »Augsburger Friedensgrüßen«. Schließlich kann ja erst Frieden sein, wenn das Böse endgültig niedergerungen ist.

Info **4**

Der **Perlachturm** steht auf dem Rathausplatz in Augsburg.

Teufelsstein und Höllenschlund

Der Böse wirkt in Bad Belzig

Auf den Briesener Bergen, einst Grenze zwischen Sachsen und Brandenburg, wollen die Menschen den Teufel gesehen haben, der mit Findlingen nach Kirchen warf. Einer flog nach Nordosten an der Krahner Kirche vorbei, landete im Wald und gilt den Leuten seit seiner Entdeckung im 19. Jahrhundert als mystisch aufgeladener »Blauer Stein«. Ein anderer Stein flog in Richtung Süden. Der Böse wollte das Gertraudenhospital zerschmettern, wähnte er dort doch die nächste Kirche im Bau. Damals lag das Hospital noch vor den Toren der Stadt Belzig, heute ist die Stadt gewachsen, anerkannter Kurort und Sitz der Kreisverwaltung von Potsdam-Mittelmark.

An der Brandenburger Straße findet man vor der westlichen Mauer des Kirchhofes einen dicken Stein, der mehr als einen Meter aus der Erde ragt. Der Umfang beträgt nach einer Beschreibung aus dem Jahr 1903 exakt 3,06 Meter. »Viele Jahre lag er dort vergraben«, heißt es in dem Beitrag von Paul Quade, »im Jahre 1900 wurde er herausgeholt und aufgerichtet«. Und woher weiß man, dass Luzifer den Brocken geworfen hat? »Die Hand des Teufels hatte im Stein einen

Der Teufelsstein liegt an der Brandenburger Straße in Bad Belzig

tiefen Eindruck gemacht, wie jeder sehen kann.« Man muss in Bad Belzig auch nicht lange suchen, bis man jemanden findet, der die Geschichte zu erzählen versteht.

Klar ist, dass die dunkle Macht das Werk der braven Christen zerstören wollte. Manche Autoren sahen in dem Bösen die slawische Religion, die östlich der Elbe vorherrschte, ehe sich die Christen im 10. Jahrhundert auf den Weg nach Osten machten. Das Böse verkörperten der Teufel, ein unbestimmter Riese oder die berüchtigte Frau Harke. Bemerkenswerterweise reichen etliche Interpretationen in die vorslawische Zeit hinein.

Der Taufstein in St. Marien

Nicht zweifelsfrei geklärt ist, ob der Stein auf dem Kirchhof wirklich von den Briesener Bergen aus dem Norden kam. Paul Quade schrieb 1903, der Findling sei vom Bricciusberge im Süden der Stadt geworfen worden. Stadtchronistin Helga Kästner zitiert eine andere Quelle. Derzufolge stand der Dunkle auf dem Rabenstein und warf von dort. Der Berg im Hohen Fläming liegt mit gut 20 Kilometern noch weiter weg.

Wer aber wirklich einmal einen Blick in die Hölle werfen will, schaut in Bad Belzig in der St. Marien-Kirche vorbei und sieht sich den Taufstein genau an. Dort erblickt man, wie verlorene Seelen in den Rachen eines Ungestüms marschieren, in den Höllenschlund. Der Taufstein ist ein seltenes Beispiel dafür, wie die Christen kurz nach der Reformation die Dinge sahen und mit welcher Bildsprache sie sich ausdrückten. Der Taufstein wurde 1568 für die Mönchenkirche in Jüterbog geschaffen und kam als Dauerleihgabe in der zweiten Hälfte der 1970er Jahre nach Belzig, als St. Marien saniert und umgebaut wurde.

Info **5**

Der **Teufelsstein** steht in Bad Belzig an der Brandenburger Straße unweit des Abzweiges zur Kirchhofstraße. Die St. Marien-Kirche liegt am Kirchplatz in der Innenstadt.

Wo der Hintern des Bösen im Walde liegt

Der Teufelsstein bei Bad Dürkheim

Des Teufels wollte niemand sein, aber die unglaubliche Kraft des Dunklen zu nutzen, das war dann doch zu verlockend. Zwar galt die Warnung schon immer: Wer mit dem Feuer spielt, kommt darin um. Aber wenn es doch einem guten Zweck dient … Vielleicht dachten so die Mönche, die in der Haardt am Ostrand des Pfälzer Waldes das Kloster Limburg erbauten.

Der Sage nach setzten die frommen Brüder den Gottseibeiuns als Bauhelfer ein. Historisch verbürgt ist, dass die Benediktiner im 11. Jahrhundert das Kloster errichteten. Beim Bau eines Klosters hätte der Teufel im Leben nicht mitgemacht. Also ließen ihn die Mönche glauben, sie würden an dieser Stelle im Wald eine Gaststätte errichten. In solchen Häusern wurde und wird oft und gern viel getrunken, und wo oft und viel getrunken wird, kann der Teufel reiche Seelenernte einfahren. Und so ging er den Mönchen zur Hand. In Windeseile trug er ihnen die riesigen Steinquader auf den Berg und schichtete sie aufeinander.

Erst als es zu spät war und die Glocken zur feierlichen Weihe der Basilika riefen, merkte Luzifer, dass er über den Tisch gezogen worden war. Der Böse lief auf den Berg, der dem Kloster gegenüberliegt, und wollte einen gewaltigen Felsblock greifen und damit das Kloster zerschmettern. Doch im ewigen Ringen mit dem Bösen, griff der liebe Gott mal wieder ein. Anstatt den Mönchen die Leviten zu lesen, weil sie die Macht des Satans genutzt hatten, sorgte er dafür, dass der Teufel den Brocken nicht werfen konnte. Gott machte, dass der Fels weich wie Butter wurde. »Da setzte sich der Teufel darauf, und sein Hintern, seine Füße und sein Schwanz hinterließen Abdrücke, die noch bis zum heutigen Tage sichtbar sind«, erzählt die Sage.

Heute heißt der Berg in der Haardt, wenige Kilometer vom Bad Dürkheimer Stadtzentrum entfernt, Teufelsstein. Der Monolith auf seiner Kuppe trägt denselben Namen. Die Bearbeitungsspuren auf der Oberfläche lassen den Schluss zu, dass der Fels in vorchristlicher Zeit als Kultobjekt diente. Und Kulte in vorchristlicher Zeit waren für Christen nun mal Teufelszeug. Fünf eingehauene Stufen führen nach oben zu einer Vertiefung, die als Opferschale für religiöse Riten der vormaligen, vermutlich keltischen Benutzer gedeutet wird und von der aus eine »Blutrinne« neben den Stufen nach unten verläuft.

Der Teufelsstein trägt zahlreiche weitere eingehauene Symbole, die aus verschiedenen Zeiträumen stammen: neben Sonnenrädern, Runen und römischen

Klettern auf dem Teufelsstein macht Spaß

Ziffern lassen sich einige Markierungen erkennen, die an Steinmetzzeichen des 12. und 13. Jahrhunderts erinnern. Alten Überlieferungen zufolge müssen früher zudem zwei grob skizzierte menschliche Figuren sowie weitere Einritzungen sichtbar gewesen sein, die inzwischen verwittert sind oder sogar absichtlich zerstört wurden.

Info **6**

Der **Teufelsstein** ist gut erreichbar über den Waldparkplatz an der Weilach in Bad Dürkheim.

Richtig müde Beine

Der schwerste Weg auf den Brocken

Für Süddeutsche ist der Brocken ein Witz, für Norddeutsche eine echte Herausforderung. Endlich geht es mal über die natürliche Waldgrenze hinaus. Wer das Leben auf Meeresniveau gewohnt ist, dem jagen 1.141 Meter Höhe schon gehörigen Respekt ein. Und wenn man dann noch liest, wer sich alles hinauf getraut und das Erlebnis zu bedeutender Literatur verarbeitet hat, setzt das der Hochachtung noch die Krone auf. Also, was Johann Wolfgang von Goethe, Heinrich Heine und Hans Christian Andersen konnten, kann ich auch, und dann gleich richtig, das volle Programm, die schwierigste Tour.

Der Teufelsstieg, den die Harz-Touristiker als heftigste Wanderung zum Brocken vermarkten, beginnt im niedersächsischen Bad Harzburg. Im Jahr 2005 hat man den Weg angelegt und mit Teufels-Schildchen ausgestattet. Seit Goethe dem Brocken in seinem »Faust« eine herausragende Rolle zuschrieb, gilt der Berg in ganz Deutschland als besonderer Teufels-Ort und Hexenplatz.

Die Teufelskanzel auf einer Ansichtskarte, um 1925

Etwas mehr als 13 Kilometer lang ist die Strecke von Bad Harzburg bis auf den Brocken. Dabei müssen gute 900 Höhenmeter überwunden werden – auf 13 Kilometern. Das soll schwierig sein?

Beim Brockenwirt konnte man 1921 mit Gutscheinen zahlen

Nach einem etwas sportlichen Anstieg vom Parkplatz an der Bundesstraße 4 geht es in die Ebene, durch prächtige Wälder, über schöne Wiesen. Eine Augenweide nach der anderen, doch wahrlich keine Herausforderung. Frisch und frei läuft es sich über die Eckertalsperre, raus aus Niedersachsen, hinein nach Sachsen-Anhalt (Tafeln weisen auf die deutsch-deutsche Grenze an dieser Stelle hin) und im weiten Bogen um den Stausee herum. Die Sonne scheint, die Vögel zwitschern, einfach herrlich.

Nach gut zehn Kilometern liegt am Weg eine Rangerstation. So kurz vor dem Ziel eine Rast? Warum nicht, ein alkoholfreies Weizenbier ist lecker, ein isotonischer Knaller kann nicht schaden. Hätte ich geahnt, was nun kommt, ich hätte noch eines getrunken und ein drittes für den Weg eingesteckt. Aber ich wusste ja nicht, dass es zur Hölle nach oben geht.

Die letzten dreieinhalb Kilometer des Teufelsstiegs führen nur bergauf. Von 900 Höhenmetern liegen 650 allein auf diesem Abschnitt. Der erste Kilometer geht auch noch, doch allmählich lässt die Kraft nach. Alle 100 Meter stehenbleiben, verschnaufen, pumpen wie ein Maikäfer und weiter. Der Kolonnenweg, auf dem einst die DDR-Grenzsoldaten Patrouille fuhren, zieht sich und zieht sich. Jeder Schritt ist wie ein Kilometer.

Endlich kommt das Brockenhaus in Sicht. Mit diesem Ziel vor Augen schleicht es sich leichter. Kurz vor dem Gipfel ziehen zwei Radler an mir vorbei. Nie wieder lächele ich über die Schwierigkeits-Kategorien in Wanderführern. Doch oben ist alle Mühe vergessen. Die herrliche Aussicht entschädigt für alles.

Info 7

Ein guter **Startort** für eine Wanderung auf den **Brocken** ist in Bad Harzburg, Landkreis Goslar, Großparkplatz an der Bundesstraße 4.

Von wegen nur eine Sage

Der handfeste Streit um die Teufelsskulptur in Bad Laer

Die Protagonisten dieses Denkmals haben sich gewiss nicht mehr dabei gedacht als die Unterstützer ähnlicher Skulpturen anderswo. In Bad Laer existiert seit Urzeiten die Sage, der zufolge der Teufel die gerade gegossene Glocke aus dem Kirchturm gerissen und sie in die Salzquelle geworfen habe. Und zwar, weil er die Christen mit ihrem Gebimmel einfach nicht leiden konnte. Das Gewässer, aus dem das Läutwerk immer noch ertönt, heißt deshalb Glockensee. Also wurde kurzerhand eine passende Skulptur in den Kurpark gestellt, die für die Einheimischen ein Stück Heimatgeschichte darstellt und den Kur- und anderen Gästen etwas über den Ort im Westfälischen erzählt.

Die Figur des Osnabrücker Künstlers Werner Kavermann stand noch nicht einmal im Kurpark, da schlugen die Wellen der Empörung schon hoch. Zwei Männer und eine Frau forderten im März 2010 ein Bürgerbegehren, um zu erreichen, dass sich das Kunstwerk zum Teufel schert. Begründung: »Gerade in Bad Laer mit seinen starken christlichen Wurzeln sollte keine Teufelsfigur im

Blick auf das idyllische Bad Laer, hier eine Ansichtskarte um 1935

Kurgarten aufgestellt werden«, ließ einer der Protestierer die »Neue Osnabrücker Zeitung« wissen.

Ein Denkmal für den Teufel? Allein die Darstellung verstoße gegen die Grundsätze der Christen im Ort, monierten die Kritiker. Auch solle der Kurpark der Erholung dienen und nicht als Standort für »abstoßende Figuren«, heißt es weiter. Rein künstlerisch betrachtet muss man das Werk ganz und gar nicht abstoßend finden. Jedenfalls blieb es beim Wunsch nach einem Bürgerbegehren und die Skulptur kam 2010 in den Park.

Der Teufel ohne Glöckchen

Das Besondere an diesem Kunstwerk: Mitten in der Brust des Gehörnten, der überhaupt nicht diabolisch und grimmig dreinschaut, klafft ein quadratisches Loch. Darin baumelt ein Glöckchen, das die sagenumwobene Glocke vortrefflich symbolisiert. Doch wer meint, nun wäre Frieden eingekehrt, hatte die Wette mit dem Teufel gemacht: 2014 verschwand das Glöckchen. Es kam Ersatz, doch auch der war 2015 fort. Buntmetalldiebe? Rache?

Dabei ist die Sage die allerbeste Mahnung, es mit den christlichen Gebräuchen wirklich ernst zu nehmen. Nie im Leben hätte der Fürst aller Bösen die Laerer Glocke zu fassen gekriegt, wenn sie rechtzeitig geweiht worden wäre, heißt es in der Überlieferung. Mit viel Mühe und Schweiß hatten die Einwohner das gute Stück in den Turm bekommen. Als sie das erste Mal schlug, obwohl noch ungeweiht, und sich die Leute über den hellen und klaren Klang erfreuten, da erhob sich ein unheimliches Brausen. Doch es war nicht der Pfarrer, der die fehlende Weihe anmahnte, sondern Luzifer, der sich die Glocke packte und im Gewässer versenkte.

Vielleicht sollte man im Glockensee fahnden und hat dann gleich drei Stück in der Hand.

Info **8**

Der **Kurpark** in Bad Laer, Landkreis Osnabrück, ist an der Kurgartenallee zu finden.

Die Seele des dummen Esels

Wie Burg Rheingrafenstein vom Teufel gebaut wurde

Schaut man von Bad Münster über die Nahe hinweg und zur Kuppe des Berges, erkennt man die Reste einer stolzen Burg. Wahrscheinlich im 11. bis 12. Jahrhundert ließen Nahegaugrafen die Feste errichten. Im 11. Jahrhundert tauchte der Name »Huhinstein« für den Bauplatz auf. Sie gilt als Stammburg der Ritter vom Stein.

Die Sage erzählt, dass ein Rheingraf mal wieder in Fehde mit dem Erzbischof von Mainz lag. Wie der Ritter den Fels hoch über der Nahe erblickte, da wünschte er sich, dort eine Burg bauen zu können. Kaum gedacht, stand plötzlich ein sonderbarer Gesell vor ihm. Gewandet wie ein Jäger, hinkte er vor dem Ritter auf und ab und sprach: »Ich kenne Deine Gedanken und helfe Dir gern.« Dem Grafen war klar, dass er es mit dem Gottseibeiuns zu tun hatte. »Wenn Du willst, steht dort oben morgen früh Deine Burg«, fuhr der dunkle Fürst fort. »Und der Preis?«, fragte der Ritter. »Ich will nur die Seele dessen bekommen, der zuerst durch eines der Burgfenster schaut«, sagt der Teufel.

Tatsächlich dauerte es eine Weile, bis die Burg auf dem 136 Meter hohen Porphyrfelsen entstand. Als Besitzer traten die Herren vom Stein bereits im 12. Jahrhundert auf. Im Jahr 1196 nannte sich Wolfram vom Stein erstmals »Rheingraf«. Diese Bezeichnung ging auf die Burg über, allerdings erschien der Name Burg Rheingrafenstein erst im 13. Jahrhundert in einer Quelle.

Und die Sage? Der Ritter wusste nicht so recht, wie er sich verhalten sollte, doch seine Gattin erkannte die Gunst der Stunde: »Schlag ein und lass mich nur machen«, könnte sie gesagt haben. Er trat also anderntags vor den Bösen, besiegelte den Vertrag, und siehe da: Schon am nächsten Morgen thronte auf dem Felsen die versprochene Burg. »Und im Dörflein Münster recken sich die Leute fast die Hälse aus«, heißt es in der Sage. Wer heute vom Ort auf kürzestem Wege zur Burg will, nutzt die per Hand gezogene Fähre über die Nahe.

Im Jahr 1689 wurde die Burg von französischen Soldaten zerstört. 32 Jahre später gab man die Ruine für den Bau von Salinen frei. Heute sind nur noch Reste der Grundmauern, ein Gewölbekeller und Treppen zum Wohnturm vorhanden. Vielleicht war dies die späte Rache des Teufels.

Als nämlich der Ritter mit Weib und Gefolge in die vom Satan errichtete Feste einzog, war es allen Menschen strikt verboten, aus den Fenstern zu schauen. Die Gräfin nahm einen Esel, setzte ihm das Barett des Burgkaplans auf und führte ihn in den Rittersaal. Das Fenster öffnete sich und der Esel »schaut

Der Rheingrafenstein hoch über der Nahe, um 1920

dumm in die tief unten schäumende Nahe«. Noch ehe das Tier i-a sagen konnte, fuhr der Teufel herbei, meinte, die Seele des Burggeistlichen sei seine, griff sich den Barettträger und flog mit ihm davon. Als der Böse aber sah, dass er betrogen worden war, warf er den armen Esel in den Fluss und rauschte jaulend um die Zinnen. Wer es wirklich glauben will, kann an windigen Tagen den Teufel dort oben immer noch heulen hören.

Info **9**

Die **Ruine der Burg Rheingrafenstein** findet man in Bad Münster, einem Stadtteil von Bad Kreuznach.

Der Blutdurst des Bösen

Die Teufelskammer auf dem Deister

Das muss die Hölle gewesen sein. Auf dem Kamm des Deisters, einem Höhenzug im westlichen Niedersachsen, findet der Wanderer dicht beieinander die Teufelskammer, die Teufelsküche, die Teufelskanzel und den Wolfsaltar, der heute Alte Taufe heißt. Dazu gibt es noch die Sage, die von einem heidnischen Adligen kündet, der es liebte, das Blut von Christen fließen zu sehen. Dort oben soll seine Burg gewesen sein.

Diese Stelle des Deisters ist nicht nur wegen seiner Höhe herausragend. Eine Erklärung für den Namen Deister führt in die nordische Götterwelt. Demnach steckt Gott Tyr im Deister, bedeutet der Name »Wald des Tyr«. Ehe Göttervater Wotan den Gott Tyr in die zweite Reihe drängte, war er der erste Gott dieser Religion. Tyr blieb weiter Gott des Gerichts, der Gerechtigkeit und des Krieges.

Einst haben sächsische Stämme diese Gegend besiedelt. Auf dem Deister, in etwa dort, wo sich die Teufelskammer befindet, stießen drei Stammesgebiete zusammen, das der Bukki im Süden, der Maestem im Norden und der Tilithi

Die Teufelsküche auf dem Kamm des Deisters

im Westen. Heute stoßen hier der Landkreis Hameln-Pyrmont im Süden, die Region Hannover im Norden und der Landkreis Schaumburg im Westen zusammen. Die Teufelskammer liegt auf Schaumburger Gebiet.

Dass sich ausgerechnet an dieser Stelle ein Heiligtum befand, könnte mit dem vereinten Kampf gegen die Franken zu tun haben. Ende des 8. Jahrhunderts zog Kaiser Karl der Große mit seinen Heerscharen durch das Tal südlich des Deisters und unterwarf die Sachsen.

Die Alte Taufe mit der Opferschale

In diese Zeit reicht die Sage vom Blutdurst des sächsischen Adeligen Lutter. Inmitten seines Burghofes stand der Sage nach der drei mal drei Meter große Quader, der oben eine Mulde aufweist. Hier habe der Ritter seine Gegner hingerichtet, das Blut sei in die Mulde geflossen. Die Tochter aber wandte sich ab vom alten Herrn und seiner Religion, lief davon, heiratete einen Christen und schenkte diesem einen Sohn.

Jahre später gerieten dieser Christ und der Sohn an den alten Lutter, der sie nicht erkannte und im Kampf tötete. Erst als ihn auch seine Tochter bekämpfte, begriff er, was er getan hatte. Er bereute alles und konvertierte zum neuen Glauben. Auf dem Stein, auf dem er seine Opfer ehedem hingerichtet hatte, ließ sich der alte Sachse taufen. So wurde aus dem Wolfsaltar die Alte Taufe.

Der Deister war auch schon vorher ein bedeutsamer Ort gewesen. Rund 200 Hügelgräber aus der Zeit zwischen 1600 und 500 vor Christus sind auf dem gut 21 Kilometer lang, vier Kilometer breiten und bis zu 405 Meter hohen Höhenzug entdeckt worden. Um die Zeitenwende lebten dort die Cherusker, nach ihnen die Chatten und Chauken, schließlich die Sachsen. Da war richtig was los.

Info **10**

Eine Straße führt von Bad Münder (Ortsteil Nienstedt), Landkreis Hameln-Pyrmont, oder Barsinghausen (Ortsteil Egestorf) auf den Nienstedter Paß zu einem Parkplatz. Von dort geht man zu Fuß etwa eine Stunde zum Nordmannsturm und noch ein kleines Stück weiter zur **Alten Taufe**.

Im tiefen Tal der Hoffnungslosigkeit

Im Schwarzwald tauschte der Teufel einen Stein gegen ein Herz ein

Es war einmal eine Gegend, die war finster, rau und unwirtlich. Lauscht man den Geschichten, die die Menschen aus den alten Tagen des Schwarzwaldes erzählen, wird einem bang ums Herz. Zwischen den Bergen, in den Schluchten, in den unendlichen, dunklen Tannenwäldern hatten viele Leute gute Gründe, mit ihrem Schicksal zu hadern. Mitunter erschien das Leben so aussichtslos, dass es nicht schlimmer werden konnte, wenn man seine Seele dem Teufel versprach und dafür wenigstens ein paar Jahre die bittere Kälte, das schmerzende Gebrechen und den ewigen Hunger vom Hals hatte. Außerdem hoffte man auf das Hintertürchen. Mit Gottes Hilfe oder einer guten List könne man am Ende dem Bösen doch entkommen, waren die Leute überzeugt. Immerhin gab es zahlreiche Sagen und Märchen, die genau dies zum Thema hatten – die Teufelswette.

Der Holländer Michel als Puppe im Hauff-Museum

Zu den bekanntesten Märchen dieses Typs gehört »Das kalte Herz« von Wilhelm Hauff (1802–1827), erschienen im Jahr 1827. Hauff erzählt die Geschichte von einem Köhler namens Peter Munk, der mit seiner schmutzigen, wenig respektierten, harten und schlecht entlohnten Arbeit in den Tiefen des Schwarzwaldes unzufrieden ist. Als er von einem guten Geist hört, der den Menschen beisteht, keimt Hoffnung auf. Der Geist in Gestalt des Glasmännleins hilft auch, doch Peter Munk begreift nicht, wann er sich zufrieden geben sollte. Er will mehr und mehr und fällt tiefer als zuvor.

Illustration »Das kalte Herz« von 1869

Er nimmt die Hand des Teufels, bei Hauff ist es der Holländer-Michel, der die Rolle des Bösen ausfüllt. Erst der Tod seiner Frau rüttelt den Köhler wach, er kehrt um, bezwingt den Bösen und lebt hernach glücklich und zufrieden bis ans Ende seiner Tage.

Die Köhler, die wegen hoher Brandgefahr und dem Gestank ihres Gewerkes fernab der Siedlungen lebten, hatten kein leichtes Leben. Insofern hatte sich Hauff nicht von ungefähr einen Köhler für seine Geschichte ausgesucht. Spielen kann sie überall im Schwarzwald. Anschaulich nahegebracht wird sie dem Interessierten in Baiersbronn, in Hauffs Märchenmuseum. Im Ortsteil Schwarzenberg war Gotthilf Hauff, ein Verwandter des Schriftstellers, ab 1817 als Pfarrer im Dienst. Hauff war dort oft zu Gast und ließ sich inspirieren.

Im 19. Jahrhundert herrschte bittere Armut in der Gegend, aus Baiersbronn suchten viele Menschen ihr Heil nicht beim Teufel, aber in der Neuen Welt. Sie wanderten aus. Erst der Anschluss an die Murgtalbahn verhalf dem Gebiet zu wirtschaftlichem Aufschwung. Heute ist Baiersbronn ein beliebter und hübsch herausgeputzter Luftkur- und Wintersportort – der Himmel auf Erden im Vergleich zur Zeit des Wilhelm Hauff oder den düsteren Bildern in der Verfilmung des »Kalten Herzes« mit Erwin Geschonneck als Holländer-Michel, mit der die DDR-Filmgesellschaft Defa 1950 ihren guten Ruf als Märchenproduzentin begründete. Doch das nur am Rande.

Info **11**

Hauffs Märchenmuseum liegt in der Alten Reichenbacher Straße 1 in Baiersbronn, Landkreis Freudenstadt.

Die ganze Pracht der Gier und des Verderbens

Das Höllenbild in St. Marien in Bergen

In Bergen auf Rügen ist die Hölle los, und das ganz offen in der Kirche. Die Südseite des Chores von St. Marien trägt eine Darstellung der Unterwelt, die ihresgleichen sucht. Dass es sie heute noch gibt, ist einer Glastür und viel Kalk zu verdanken.

Die Kalkfarbe hatte über Jahrhunderte hinweg die Wandmalereien von St. Marien verborgen und vor Bilderstürmerei geschützt. Nun freigelegt, sind die Bilder dem feuchten Ostsee-Klima ausgesetzt. Die moderne Glastür kurz hinter dem hölzernen Portal hält das raue Wetter ein wenig von den wertvollen Bildern fern.

Bergen war die letzte slawische Bastion, die die Christen im Jahr 1168 einnahmen. Ranenfürst Jaromar I. beugte sich der neuen Macht und ließ sich taufen. Zwischen 1170 und 1180 ordnete er den Bau einer Kirche in Bergen an, eine romanische Basilika mit Querschiff. Eigentlich war das Gotteshaus als Palastkapelle für den Fürsten gedacht, doch der zuständige Bischof, der im dänischen Roskilde saß, hatte andere Pläne. Er wies die Kirche dem neuen Kloster in Ber-

Unterwelt-Szenen im Kirchenschiff

gen zu. Aus Roskilde kamen 1198 die ersten Benediktiner-Nonnen nach Rügen, die von Bergen aus den christlichen Glauben auf der Insel verbreiteten.

Im Jahr 1896 wollte man in St. Marien eigentlich nur den Putz erneuern. Die weiße Schicht hatte gelitten. Doch was staunten die Fachleute, als sie unter dem Kalk das Mittelalter in all seiner farbigen Vielfalt entdeckten. Bald war klar, dass die Kirche in der Erbauungszeit vollständig ausgemalt worden war. Im Chor hatte man auf der Nordseite das Paradies verewigt, gegenüber die Hölle.

Die St. Marienkirche in Bergen

Der Historienmaler und Mosaikkünstler August Oetken (1868–1951) erhielt den Auftrag, die bemerkenswerten Malereien freizulegen und zu restaurieren. Rund 40 Prozent der bemalten 600 Quadratmeter sind bis heute mittelalterlichen Ursprungs. Wo nichts zu retten schien, hat Künstler Oetken ergänzt. Er malte es nach alten Vorlagen dazu und gab der Kirche so sein Gepräge. Ein Teufel »steht« gar in beiden Zeiten: Luzifers rechtes Bein ist aus dem 12. Jahrhundert, das linke stammt vom Jugendstil-Restaurator.

Die Hölle ist überaus plastisch dargestellt. Da liegt ein Mann auf dem Rücken, die Augen weit aufgerissen. Im Mund steckt ein Trichter, in den ein Teufel Goldstücke schüttet. Daneben geraten sich zwei Männer in die Haare, wohl wegen des Würfelspiels, das ihnen zu Füßen liegt. Der eine Spieler sticht dem anderen mit dem Messer ins Auge. Wenigstens ein Dutzend Teufel treiben auf diesem Bildnis ihr Unwesen. Wer wissen will, was ihn in der Unterwelt erwartet: Bitte sehr, hier ist es.

1903 war Oetken fertig und die Gemeinde entsetzt: »viel zu katholisch, viel zu mittelalterlich und viel zu bunt«, lautete das Urteil. Heute weiß man es in Bergen zu schätzen, dass hier das einzige Beispiel für eine Totalausmalung einer Kirche in Norddeutschland steht.

Info **12**

Die **St. Marienkirche** steht mitten in Bergen auf Rügen. Wer sichergehen will, dass sie offen ist, ruft vorher im Pfarrbüro an.

Ruine ist nicht gleich Ruine

Die Teufelsbrücken von Baumeister Persius in Potsdam und Berlin

Ruinen waren Mode. Also schuf Ludwig Persius (1803–1845) eine Brücke im Glienicker Park in Berlin an der Grenze zu Potsdam als unvollendet Erscheinende. So wollte es das preußische Königshaus. Die Teufelsbrücke, so nannte man den Bogen über die Schlucht, baute Persius zwar statisch einwandfrei und sicher für jeden Passanten. Doch einen Teil der Brücke führte er nicht in Kalkstein aus, wie alles andere. Er setzte ein Holzelement dazwischen. Es schien, als sei ein Bogen eingestürzt und durch ein hölzernes Provisorium ergänzt worden. So fanden es die hohen Herrschaften im Jahr 1838 schick.

Anders die Nazi-Kunst: Die kannte nur ganze Kerle und kolossale Bauwerke, alles wie aus einem Guss. So war es wohl nur konsequent, dass man die Teufelsbrücke gute 100 Jahre nach ihrer Errichtung »vollenden« musste. Das Holz verschwand, man ergänzte die Lücke mit Steinen, machte das Bauwerk ganz.

Die Teufelsbrücke im Glienicker Park, Zustand 2018

Noch einmal 50 Jahre vergingen, bis die Berliner erkannten, dass dies nicht im Sinne des Baumeisters war. Persius sollte sich nicht mehr schämen. Also kam der Lückenschluss aus Stein wieder raus und Holz wieder rein. Das Weltkulturerbe, dazu hatte man das Ensemble inzwischen erklärt, war rekonstruiert und wieder schick.

Die Teufelsbrücke in Potsdam-Bornstedt

Doch dann kam der Regen. Heftige Güsse sorgten dafür, dass der Mittelpfeiler unterspült wurde und einbrach. So wurde die Teufelsbrücke 2009 baufällig. Der Senat beschloss, das Bauwerk zu sanieren, doch mit der Zeit stellte sich heraus, dass das Ausmaß der Schäden größer war als befürchtet. Die Bauverwaltung hätte die Brücke am liebsten neu errichtet, die Denkmalpflege sagte nein. Eigentlich sollte die Teufelsbrücke seit 2017 wieder begehbar sein. Tatsächlich ist dieser Termin nicht eingehalten worden.

Für Persius blieb die Brücke im Glienicker Park nicht die letzte Begegnung mit dem Leibhaftigen. In Potsdam existierte seit der Zeit von Friedrich dem Großen ein Teufelsgraben. Die Rinne sollte ab dem Jahr 1786 den Bornstedter See bei Hochwasser entlasten. Als es später notwendig wurde, die Schlucht, und das ist der Teufelsgraben wahrhaftig, bequem zu überqueren, bestellte König Friedrich Wilhelm IV. bei seinem Lieblingsbaumeister Persius eine Brücke. Dieses Mal schuf Persius 1844 ein Bauwerk aus Rüdersdorfer Kalkstein – als fünfbogigen römischen Viadukt. In acht Metern Höhe kommt man von einer Seite auf die andere.

Um das Hochwasser braucht man sich dort schon lange keine Sorgen mehr zu machen, das fließt seit 1891 über Rohre ab. Also muss niemand fürchten, zu viel Regen könne auch diese Teufelsbrücke hinwegspülen. Auf der Tourismusseite »Potsdam entdecken« heißt es: »Entstanden ist die zweifellos schönste Brücke der Stadt, aber auch die nutzloseste.«

Info **13**

Die **Teufelsbrücke** im Volkspark Glienicke liegt in Berlin im Bezirk Steglitz-Zehlendorf. Die **Teufelsbrücke** in Potsdam verbindet die Straße Am Teufelsgraben mit der Eichenallee.

Der unheimliche Riss

Wie der Teufel einen vorlauten Burschen aus der Nikolaikirche in Spandau entführte

Ein sauberer Riss, wie frisch in die Wand geschnitten. Sieht aus, als hüte man diesen Riss wie einst die Besitzer der Wartburg den Tintenfleck in der Lutherstube. »Das kann ich mir gar nicht vorstellen«, sagt ein freundlicher Herr, der die Besucher der Nikolaikirche in Berlin-Spandau betreut, und schmunzelt. Selbstverständlich ist man sich der Sage bewusst, die die Herkunft dieses Risses neben der Orgel zu erklären versucht. Doch wenn der Teufel ein Hirngespinst ist, wie sollte dann der Schaden in der Mauer auf ihn zurückgehen können?

Vor der Reformation waren einmal zwei Jungs in der Nikolaikirche. Eigentlich sollten sie die Kirche nach dem Gottesdienst reinigen. Doch sie wollten lieber spielen. Einer zog ein Kartenspiel aus der Tasche – des Teufels Gebetbuch. In einem Nebenraum setzten sie sich nieder, vergaßen, dass sie an einem

Das »Jüngste Gericht« auf dem Altar in der Nikolaikirche

heiligen Ort waren, »und begannen ihr frevelhaftes Spiel«, erzählt die Sage. Es währte nicht lang, da trat ein Fremder dazu und fragte, ob er mitspielen könne. Frech meinte einer der Bursche: »Gewiss doch, wenn Du viel Geld im Beutel hast, spiele mit. Wir werden es Dir schon abnehmen.«

Ob Luzifer aus dieser Geschichte jenen Teufeln ähnelte, die man heute noch in der Kirche erblickt? Am Altar aus dem Jahr 1582 finden sich zwei Bilder des Bösen. Oberhalb der Abendmahl-Szene hat der Künstler das »Jüngste Gericht« dargestellt. Links sieht man einen Engel, der den Gerechten bei der Auferstehung hilft. Gegenüber treibt der Teufel die Verdammten in die Hölle. Über diesem Bild, der Altar ist aus Sandstein gefertigt, thronen der Tod und der Teufel, hier hat der Böse die Gestalt eines Drachen.

Die Nikolaikirche in Berlin-Spandau

»Grinsend setzte sich der Teufel nieder und begann mit teuflischer Kunst das Spiel«, so die Sage weiter. Natürlich gewann er Zug um Zug, bis der frechere unter den Burschen nur noch einen Heller übrig hatte. Doch anstatt abzulassen, wurde dieser forsch und rief: »Mag mich der Teufel holen, wenn ich auch dieses Spiel verliere.« Der Fremde legte sein Blatt auf den Tisch: Wieder hatte er die besseren Karten, strich den Heller ein, packte den Burschen und stieg mit ihm in die Lüfte. Der andere sah, wie sich vor dem Teufel und seinem Kompagnon die Wand einen Spalt breit auftat und die beiden durch diesen für immer verschwanden. Übrig blieb der Riss.

Info **14**

Die **Nikolaikirche** liegt am Reformationsplatz in Berlin, Spandauer Altstadt.

Zu den Ohren des Kalten Krieges

Der Teufelsberg im Berliner Grunewald

Eigentlich hat der Teufelsberg im Berliner Grunewald seinen Namen vom Teufelssee zu seinen Füßen und dem Teufelsfenn nebenan. Wie andere Kleinstgewässer mit diesem Namen ist der hiesige Teufelssee ein Überbleibsel aus der letzten Eiszeit, ein abflussloser, sogenannter Himmelsteich, sechs Meter tief.

Uneigentlich passt der Name Teufelsberg, weil er eine Folge eines teuflischen Werkes ist. An dieser Stelle hatten die Nazis einen Teil ihrer monströsen Metropole namens »Germania« geplant. Der Rohbau einer militärischen Fakultät stand bereits. Alliierte Bomber und sowjetische Einheiten setzten dem Wahn ein Ende, weite Teile Berlins gingen in Rauch auf. Was nach 1945 nicht mehr verwertbar war, schoben die Berliner zu Trümmerbergen zusammen – im Volkspark Friedrichshain, am Insulaner in Steglitz und neben vielen anderen Orten am heutigen Teufelsberg. 22 Jahre lang kamen Laster für Laster, Tonne

Der Teufelssee im Grunewald, von dem der Teufelsberg seinen Namen hat

für Tonne mit Kriegsschutt und wuchs Berlins zweitgrößter Berg in die Höhe. 120 Meter hoch ist er.

Während der Hügel mehr und mehr zum Berg wurde, entdeckte das US-Militär ihn für ihre Zwecke. In den 1950er Jahren gingen sie dort mit viel Technik in Position und überwachten die drei Luftkorridore, die West-Berlin mit Westdeutschland verbanden. Bald kam ein festes Bauwerk und das Kind des Kalten Krieges bekam einen Namen: Field Station Berlin-Teufelsberg. Fünf Antennenkuppeln zierten bald den Berg, längst hatten die Militärs nicht bloß die Luftkorridore im Blick. Von dort horchten sie weit ins feindliche Osteuropa hinein. Die Anlage wurde Teil des weltweiten Spionagenetzwerks.

Reste der Militäranlage auf dem Teufelsberg

Genau das muss man sich immer vor Augen führen, wenn man heute den Berg erklimmt, am Tor brav Eintritt entrichtet und auf Zeitreise geht. Im Jahr 1991 haben die Amerikaner und Briten den Teufelsberg geräumt, die wertvolle Nachrichtentechnik mitgenommen und Hüllen zurückgelassen. Doch der Berg bietet immer noch genug, um sich die alten Zustände vorstellen zu können.

Sprayer, darunter wahre Meister mit der Dose, haben die grauen Wände in eine Galerie verwandelt. Kaum waren die Militärs fort, hatten ihre Technik mitgenommen und leere Hüllen hinterlassen, eroberten kreative Köpfe das Terrain. Ein rühriger Verein bemüht sich darum, das Gelände und die Bauwerke in Ordnung zu halten und Besuchern zu präsentieren. Es ist ein Kampf gegen den Zahn der Zeit, der an den Kuppeln und Konstruktionen nagt. Die Bauaufsicht hat im Mai 2018 die Aussichtsplattform bis auf Weiteres wegen Sicherheitsmängeln geschlossen. Das weitläufige Areal kann man weiterhin besichtigen.

Info **15**

Der **Teufelsberg** liegt an der Teufelsseechaussee 10 in Berlin, Bezirk Charlottenburg-Wilmersdorf.

Aus der Hölle nach Berlin

Ein echter T. rex fasziniert die Besucher des Naturkundemuseums

An manchen Tagen ist bei Tristan Otto der Teufel los. Die kleinen und großen Leute scharren sich um ihn, drängeln sich, um ihm ganz nah zu sein und ein Foto zu schießen. Am besten eines, auf dem man selbst mit ihm zu sehen ist. Der Tyrannosaurus rex namens Tristan Otto lehrt die Menschen nämlich das Gruseln – wie er mit aufgerissenem Maul durch den Saal zu laufen scheint, bereit, das nächstbeste Opfer mit Haut und Haar zu verschlingen. Bis 2019 ist das Skelett der zwölf Meter langen und sechs Meter hohen Riesenechse der Publikumsmagnet im Naturkundemuseum in Berlin.

Im Höllenbach-Gebiet im US-Bundesstatt Montana ist der 67 Millionen Jahre alte Saurier gefunden worden. 2010 stießen die Grabungsexperten in der »Hell-Creek-Formation« auf das Skelett. Vier Jahre dauerte es, die Knochen fein säuberlich aus dem Gestein herauszuholen. Dieses Höllenbach-Gebiet, das sich über die US-Bundesstaaten Montana, North und South Dakota sowie Wyo-

Das Skelett des Tyrannosaurus rex mit einer leichten Schädel-Nachbildung

ming erstreckt, ist schon lange eine unglaubliche Fundgrube für die Urzeitforscher. Als gäbe dort die Hölle gefangene Seelen wieder frei.

Kolossale Knochen sind immer wieder aufgetaucht. Doch als die Menschen noch keine Ahnung hatten, dass es in einem Land vor ihrer Zeit derartige Wesen gegeben hat, dachten sie, vor den Resten von teuflischen, bösartigen Riesen zu stehen.

Die beiden Eigentümer dieses T. rex, die das Saurier-Skelett nach ihren Söhnen Tristan und Otto nannten, brachten den Fund nach Berlin, weil sie sich eine profunde Untersuchung erhofften. Der Ruf des Naturkundemuseums ist weltweit ein sehr guter. Zum Dank für seine gute Rekonstruktion und Erforschung bleibt Tristan Otto für einige Jahre als Leihgabe in Berlin. Was dem Museum noch mehr Besucher beschert. Der Schädel des Burschen ist zu 98 Prozent erhalten, dadurch allerdings zu schwer, um auf dem Skelett zu thronen. Man ersetzte ihn durch eine leichtere Kopie und zeigt das Original ein paar Meter weiter in einer separaten Vitrine. Was die Berliner besonders stolz macht: Es ist der erste echte Tyrannosaurus rex, der in Europa ausgestellt wird. Inzwischen ist ein weiteres Exemplar auf den Kontinent gekommen. T. rex Trix kann man in den Niederlanden bewundern.

Der Originalschädel des T. rex steht separat

Was in Zukunft noch aus dem Höllenbach-Areal in den USA zu erwarten ist, wird man sehen. Ein Höllenhuhn war unlängst darunter, ein 300 Kilo schweres Vieh, gut drei Meter groß, 66 Millionen Jahre alt, ein Allesfresser mit scharfem Schnabel. So furchterregend und unwirklich, wie es nach ersten Rekonstruktionen aussieht, ähnelt es dem Jabberwocky. Der britische Schriftsteller Lewis Carroll (»Alice im Wunderland«) kreierte dieses Monster, von dem sich manche Illustratoren ein Bild machten. Monty-Pythons-Komiker Terry Gilliam hat das Fabelwesen in seinem Film von 1977 wie ein riesiges Höllenhuhn in Szene gesetzt.

Info **16**

Das **Naturkundemuseum** befindet sich in der Invalidenstraße 43 in Berlin-Mitte.

Des Teufels General

Wie sich Flieger Ernst Udet dem Bösen verschrieb

Ernst Udet (1896–1941) liebte die Luftfahrt über alles. »Man muss um der Fliegerei willen auch mal mit dem Teufel paktieren«, sagte er 1935, als ihn Hermann Göring ins Luftfahrtministerium holte. Und, da noch selbstbewusst: »Man darf sich nur nicht von ihm fressen lassen.« Der erfolgreiche Jagdflieger aus dem Ersten Weltkrieg mit seiner wolkenstürmenden Leidenschaft ist kein Einzelfall. Aber unter allen Soldaten, die sich dem Höllen-Regime der Nazis verschrieben hatten, ist Udet eine der populärsten tragischen Gestalten. Schließlich inspirierte er seinen Freund Carl Zuckmayer zum Drama »Des Teufels General«.

Viele Flieger waren dankbar, als die neue Reichsregierung ab 1933 den Versailler Vertrag nach und nach zerbröselte, einen Vertrag, der auch die Luftfahrt der Deutschen einschränkte und die des deutschen Militärs gleich ganz untersagte. Anfangs im Verborgenen, doch schon bald offener bekam die Fliegerei

Das Grab von Ernst Udet auf dem Invalidenfriedhof

in Deutschland Aufwind. Udet, begnadeter Schauflieger, war mit Begeisterung dabei.

Udet wusste, mit wem er es zu tun hatte, er roch den Schwefel der teuflischen Macht. Allerdings glaubte er, »alles unter Kontrolle zu haben«, schrieb der »Spiegel« 2016 anlässlich seines 75. Todestages. Doch als er erkannte, wie wenig er ausrichten und dass er sich nicht entziehen konnte, fügte er sich und spielte weiter mit. Göring hatte ihm 1939 mit dem »pompösen Fantasietitel ›Generalluftzeugmeister‹ umschmeichelt«, notierte der »Spiegel«.

Udets Biografie von 1935

Udet, der eigentlich nur fliegen wollte, wurde im Ministerium an eine Stelle gesetzt, die er nicht beherrschte. Göring, den er im Grunde seines Herzens verabscheute, brauchte den Fliegerhelden als Idol. Udet machte mit, ließ sich von der Propaganda feiern. Für die psychologische Kriegsführung entwickelte er die »Jericho-Trompete«, jenes Propeller-Gerät, das man ans Flugzeug setzte, damit es im Sturzflug ein durchdringendes, nervenzerreißendes Geräusch verursachte.

Irgendwann erkannte Udet, wie klein er wirklich war, und gestand: »Ich bin der Luftfahrt verfallen. Ich kann da nicht mehr raus. Aber eines Tages wird uns alle der Teufel holen.« In den ersten Kriegsmonaten lief es für die Deutschen gut. Doch der Krieg gegen Großbritannien offenbarte die ersten großen Fehler. Göring schob Udet als Sündenbock vor, der sich daraufhin am 17. November 1941 selbst erschoss.

Die Nazis nutzten auch dies. Udet sei bei der Erprobung einer neuen Waffe ums Leben gekommen, log die Propaganda. Das glaubte auch Carl Zuckmayer, zog aber einen anderen Schluss. »Des Teufels General« flog bewusst in den Tod, um Sabotageakte des Widerstandes zu vertuschen. Ernst Udet bekam ein Staatsbegräbnis mit allem Pomp auf dem Invalidenfriedhof in Berlin. Der Teufel hatte seinen Diener über dessen Tod hinaus nicht losgelassen.

Info **17**

Udets Grab liegt auf dem Invalidenfriedhof in der Scharnhorststraße 33 in Berlin-Mitte.

Teuflisch gute Klettertour

Die Teufelsmauer bei Blankenburg

Rauf auf den alten Herrn, ganz nach oben, auch wenn es verdammt ungemütlich ist. Aber die Mühe lohnt sich. Der Ausblick vom Großvaterfelsen auf das Städtchen Blankenburg am nordöstlichen Harzrand ist beeindruckend. Da kann einem der Wind noch so heftig um die Ohren pfeifen und an der Jacke zerren – hier oben fühlt man sich wie losgelöst von der Erde. Hier oben ist man für eine Weile ein König.

Der Großvaterfelsen ist einer der Höhepunkte des Teufelsmauer-Abschnittes bei Blankenburg. Am anderen Ende dieses Teils bietet der Ausblick vom Hamburger Wappen die nächste bleibende Erinnerung. Die Gesteinsformation heißt so, weil sie dem Wappen der Hansestadt ähnelt. Acht Kilometer lang ist der Wanderweg von Blankenburg bis zum Hamburger Wappen. Da die Tour auf dem Kammweg von Spitze zu Spitze recht anspruchsvoll ist, sollte man für den Rückweg die entspanntere Route am Fuße der Hügelkette nehmen.

Wem das nicht genügt: Die Teufelsmauer misst insgesamt rund 20 Kilometer und reicht von Blankenburg unterhalb von Quedlinburg vorbei bis nach

Blick von der Teufelsmauer bei Blankenburg ins Harzvorland

Ballenstedt. An verschiedenen Stellen erhebt sich die skurrile Gebirgsformation aus dem Harzvorland und lädt zum Klettern ein. Als diese Kette entstand, waren noch die Dinosaurier die Krone der Schöpfung. Es ist gut 85 Millionen Jahre her, dass sich die Erdkruste derart bewegte, dass sich das harte Sandgestein förmlich aus dem Boden schob und viele Meter hoch aufrichtete.

Wenn nicht achtsame Leute eingeschritten wären, gäbe es diese Formation wahrscheinlich längst nicht mehr. Im Jahr 1833 wurde die Teufelsmauer unter Schutz gestellt. Da waren bereits zahlreiche Felsen von Anwohnern in handliche Brocken zerschlagen und als Baumaterial genutzt worden. Die Furcht vor der vermeintlich mystischen Herkunft der Mauer hinderte sie nicht daran. Erst höchst weltliche Androhungen von Strafe sorgten für ein Umdenken.

Das Kurhaus Teufelsbad, um 1940

Im Sagenbuch der Brüder Grimm von 1816 findet sich eine Mär über die Entstehung der Mauer. Danach liegt die Ursache im ewigen Streit des Teufels mit dem lieben Gott um die Herrschaft der Welt. Luzifer habe sie errichtet, um seinen Einflussbereich von der Sphäre Gottes zu trennen. Gott habe dies zugelassen, aber unter der Bedingung, dass der Böse sein Werk in einer bestimmten Zeit vollendete. Satan schaffte es nicht, und im Zorn darüber warf er einen Teil wieder ein.

Doch der Teufel, der ewige Spieler und Verführer, konnte seine Beine nicht stillhalten. Er kehrte wieder und betörte ein wunderschönes Mädchen aus der Blankenburger Gegend. Er hatte sich in einen feinen, schmucken Jüngling verwandelt. Das Mädel verfiel ihm, und als ihr Vater einschreiten und diese Ehe verhindern wollte, trug der Böse die Süße mit sich fort, in sein Reich in der Unterwelt. Das Teufelsbad in Blankenburg erinnert, so die Sage, für alle Zeiten an diese Entführung.

Info **18**

Der gute Start zur **Wanderung auf der Teufelsmauer** ist in Blankenburg (Harz) der **Parkplatz** an der Straße Schnappelberg.

Ein Heiliger wettet mit dem Bösen

Der Teufelsstein von St. Ulrich im Hochschwarzwald

Marie-Luise Kaschnitz glaubt nicht an den Teufel, also malt sie ihn auch nicht an die Wand. Gleichwohl spendet sie auch Gott kein Lob. »Wer bin ich dass« endet ihr Gedicht »Nicht gesagt«. Die berühmte Schriftstellerin (1901–1974) verbrachte viele Jahre auf dem Familienanwesen Schloss Bollschweil im Hochschwarzwald, südlich von Freiburg im Breisgau, und fand auf dem Friedhof in Bollschweil im Herbst 1974 ihre letzte Ruhestätte.

Gut fünf Kilometer vom Schloss entfernt tritt man dem Leibhaftigen in anderer Form gegenüber. Vor der Kirche von St. Ulrich, einem Ortsteil von Bollschweil, erblickt man einen großen runden Stein, den »Teufelsstein«. Dort haben Menschen ganz offensichtlich an den Leibhaftigen geglaubt und ihn auch an die Wand gemalt – in Gestalt einer Sage.

Danach hatte der Benediktiner-Mönch Ulrich (etwa 1029–1093) im Jahr 1087 ein Kloster im Möhlintal errichtet, das Cluniazenser-Reformkloster. Zum Brunnen im Kloster sollte es noch einen steinernen Trog geben. Doch in dem Tal konnte Ulrich keinen tauglichen Stein finden und wegen der Enge des Tales konnte auch keiner von einem anderen Ort herbeigeschafft werden.

Wie er einmal im Freien schlief, erblickte er im Traum auf dem Meeresgrund einen runden Sandsteinblock. Der schien wie gemacht für eine Brunnenschale. Ulrich erwachte am nächsten Morgen. Der erste, der ihm vor die Augen trat, war ein Jäger. Man sprach über dies und das. Als Ulrich dem Weidmann von dem Traum erzählte, wurde der Jäger hellhörig.

Er könne solch einen Stein bringen, und zwar noch vor Tagesende. Allerdings müsse ihm Ulrich dafür seine Seele verschreiben. Da war dem Geistlichen klar, wer vor ihm stand. Dennoch ließ er sich auf den Handel ein und sprach: »Um neun Uhr will ich Messe lesen. Wenn du den Stein vor der Wandlung zum Kloster schaffst, will ich nach meinem Tode dein sein; bringst du ihn aber erst nach der Wandlung, so gehört der Stein mir und ich gehöre nicht dir.«

Mit diesem Vorschlag war der Teufel zufrieden und eilte hinweg. Zur festgesetzten Zeit las der Heilige die Messe und bat Gott um Beistand. Der Teufel flog mit dem Stein heran. In der Ferne hörte er das erste Läuten zur Wandlung, er war auf dem Berg Geiersnest bei St. Ulrich, da erklang das zweite Läuten. Voller Wut warf Luzifer den Stein in das Tal hinab und fuhr brüllend davon. Mit Freuden sah Ulrich, als er aus der Kirche kam, den Block beim Kloster liegen. Nun ließ er aus ihm von seinen Mönchen das kunstreiche Becken machen.

Der Teufelsstein ist eine reich verzierte Brunnenschale

Kunstreich bearbeitet ist der runde Stein wirklich, darunter finden sich allerlei mystische Wesen. Erforscht ist seine Herkunft bis heute nicht. »In früheren Zeiten«, schreibt Hansjosef Maus in einem Beitrag über den Teufelsstein von St. Ulrich, »wurden die Bergleute wegen ihrer geheimnisvollen Tätigkeit unter Tage als Teufel bezeichnet«. Frei nach Kaschnitz: Wer sind wir, dass wir das jetzt entscheiden. Also suchen wir weiter.

Info **19**

Der **Teufelsstein** steht unter einem Dach vor der Kirche von St. Ulrich, Bollschweil, Landkreis Breisgau-Hochschwarzwald.

Die Rache der Slawen

Warum der Brandenburger Dom beinahe eingestürzt wäre

Fast wäre es um die Kirche geschehen gewesen. Der große preußische Baumeister Karl Friedrich Schinkel (1781–1841) gab dem Brandenburger Dom bestenfalls noch 100 bis 150 Jahre, dann sei es vorbei mit der »Wiege der Mark«, wie man dieses Gotteshaus auch nennt. Schinkel, der zwischen 1833 und 1836 den Dom sanierte, ließ Zuganker ins Kirchenschiff einziehen. Doch die dauerhafte Rettung war dies nicht.

Rund 150 Jahre nach Schinkels Prophezeiung schien es, als würde sie nun eintreten. Die Wände bogen sich nach außen, Steine und Putz fielen von der Decke, ein Netz wurde 1994 in der Kirche gespannt. Das Gotteshaus war Mitte des 12. Jahrhunderts auf verdammt losem Untergrund gebaut worden. Wie lose, das ergaben nun die Untersuchungen. Besonders der Turm hatte sich geneigt. Dass die Kirche auf der alten Brandenburg errichtet worden war, einst Hauptsitz des slawischen Stammes der Stodoranen, war bekannt. Nicht so, dass

Der Brandenburger Dom ist auf einer Insel in der Havel errichtet worden

man die Kirche zum Teil auf den Wehrgraben gesetzt hatte. Das sei die Rache der Slawen, unkten manche Brandenburger. Zur 1050-Jahr-Feier des Domes und der Stadt 1998 war dieses wichtige Haus in einem jämmerlichen Zustand. Und immer noch in Gefahr.

Damit weder Schinkel noch die Unkenrufer Recht bekommen sollten, war schon 1995 eine beispiellose Rettungsaktion in Gang gesetzt worden. Allen voran warben Otto Graf Lambsdorff (1926–2009) und Vicco von Bülow alias Loriot (1923–2011) um Spenden. Lambsdorff hatte für ihn prägende Schuljahre am Dom verbracht, der gebürtige Brandenburger von Bülow war 1985 mit seiner Loriot-Ausstellung im Dom in seiner alten Heimat wieder aufgenommen worden. Ihre große Popularität brachte den Erfolg. Unzählige Einzelspenden aus ganz Deutschland gingen ein, Institutionen stellten sich dahinter, bald konnten die Arbeiten beginnen.

Das Königsmarck-Epitaph im Dom

Experten trieben Bohrungen viele Meter tief, um den Untergrund konkret bestimmen zu können. In einem Bohrkern fand sich auch ein Stückchen Kuhfladen, gute 1000 Jahre alt. »Und er roch sogar noch«, berichtete die Pfarrerin Cornelia Radeke-Engst beim Gottesdienst nach der gelungenen Rettung. Der Turm wurde mit viel Beton im Untergrund stabilisiert. So fest wie heute ist dieser Boden noch nie gewesen. Inzwischen ist die bedeutende Kirche auch saniert, die Putzschäden sind Geschichte, das Langhaus ist hell und freundlich.

Und so kann man sich heute wieder unbeschwert an einer bemerkenswerten Darstellung der Hölle erfreuen. An der Nordseite des Hauptschiffes hängt ein Epitaph aus Marmor und Alabaster, geschaffen für den 1621 verstorbenen Domdechanten Adam von Königsmarck. Gehörnte Teufel schleppen die Verdammten in den weit aufgerissenen Höllenschlund. Mancher scheint just im Angesicht seines düsteren Endes zu begreifen, warum er auf dem Weg nach unten ist.

Info **20**

Der **Dom** ist auf der Dominsel in Brandenburg an der Havel, Burghof, zu finden.

Wenn der Teufel den Leuten Sand in die Augen streut

Wie der Mariengrund in Brandenburg an der Havel entstand

Wer sagt eigentlich, dass in Sagen immer ein Körnchen Wahrheit steckt? Im Jahr 1718 ließ Friedrich Wilhelm I., der preußische Soldatenkönig, ein sumpfiges Gelände außerhalb der Altstadt Brandenburg trockenlegen – doch nicht zum Wohle der Landwirtschaft mit Entwässerungsgräben, wie es sein Sohn Friedrich später an verschiedenen Stellen zur Landgewinnung förderte. Hier sollte ein Exerzierplatz für die Brandenburger Garnison entstehen, auf einer sumpfigen, morastigen Fläche mit eingestreuten Torflinsen. Man holte Unmengen Sand vom Marienberg, karrte ihn gut 200 Meter nach Norden und legte das militärische Exerziergelände auf der Musterwiese an. Zurück blieb eine markante Senke, die seither Mariengrund heißt. Soweit die Fakten.

Nur wenige Jahre nach dieser Baumaßnahme erschien der erste Reiseführer, der die Stadt Brandenburg an der Havel beschreibt. Darin taucht eine Erklärung

Blick in den Mariengrund

für den Ursprung des Mariengrundes auf, die nicht von dieser Welt ist. Der Inhalt dieser Sage reicht in das 12. Jahrhundert zurück, als der letzte slawische Fürst Pribislaw, der auf Burg Brandenburg saß, sich taufen ließ, fortan Pribislaw-Heinrich hieß und den Bau einer christlichen Kapelle auf dem schon immer heiligen Berg anwies. Der Kapelle folgte im 13. Jahrhundert die imposante Marienkirche, die Pilger von nah und fern anzog.

Der Marienberg ragt aus dem Stadtbild heraus

Über so viel Frömmigkeit soll sich der Teufel sehr geärgert haben, erzählt die Sage. »Ein besonderer Dorn im Auge war ihm die große Glocke, die weithin hörbar die Gläubigen zum Gebet rief.« Also schlich sich der Gottseibeiuns in die Kirche mit ihren vier markanten Türmen, griff sich die größte Glocke und machte sich mit ihr davon. Doch der Coup sollte nicht gelingen. Ein Pilgerzug kam den Berg herauf – »mit lautem Gesang, was dem Teufel eine besondere Pein war«. Er musste sich die Ohren zuhalten. Die Glocke fiel herab und rollte polternd den Hang hinunter. Und so: »Am Fuße des Marienberges riss sie ein großes Loch in den weichen Sandboden. An dieser Stelle entstand der Mariengrund.«

Bemerkenswert ist, dass man sich in Brandenburg an der Havel eine zweite Sage über die Entstehung erzählt. Nach dieser soll sich die Tochter eines Riesen, der für die Menschen die gleiche antichristliche Funktion erfüllte wie der Teufel, eine Schürze voller Sand gefüllt haben. Damit habe sie sich eine Landzunge geschaffen, um den nahen Beetzsee besser überqueren zu können. Daher nannte man die Landzunge Hünenstieg. Den Sand hatte das Riesenmädchen vom Marienberg geholt. Zurück blieb – der Mariengrund.

Der Stieg ist mittlerweile zugunsten einer bedeutenden Regattastrecke durchtrennt worden und eine Insel. Anstelle des Exerzierplatzes befindet sich heute ein Sportplatz und es regiert nur noch König Fußball.

Info **21**

Der **Mariengrund** liegt an der Bergstraße in Brandenburg an der Havel.

Mit Ruhe und Beharrlichkeit

Der arme Teufel zu Füßen des Bremer Rolands

Ohne die Kraft der Beine waren die Menschen in früheren Zeiten aufgeschmissen. Sie konnten nur noch kriechen, wie jener arme Teufel, der sich auf besondere Weise um die Stadt Bremen verdient gemacht hat. Jedenfalls erzählt das eine Legende, die in das Jahr 1032 zurückreicht.

In dieser Zeit lebte die Gräfin Emma von Lesum, eine fromme und freigiebige Frau. Besonders reich bedachte sie die Kirche. Seit dem Tod ihres Mannes lebte sie zurückgezogen und fand nur noch Freude darin, mildtätig zu wirken. Eines Tages schaute Herzog Benno von Sachsen, der Bruder ihres verstorbenen Gatten, bei ihr vorbei. Die Freigiebigkeit der Schwägerin passte ihm so gar nicht. Schließlich hoffte er darauf, dass sie vor ihm das Zeitliche segnen würde und er ein gutes Erbe heimtragen könnte.

Wie Emma von Lesum und Benno von Sachsen durch die Lesumsche Grafschaft ritten, um die Ländereien zu besichtigen, traten Abgeordnete der Bremer Bürgerschaft an die Frau heran. Sie klagten, dass sie zu wenig Weideland für das Vieh hätten. Die Dame pflichtete bei und sprach: »Ihr sollt haben, was ein Mann in einer Stunde umschreiten kann.« Herzog Benno indes ärgerte dies und er erwiderte zynisch: »Warum gebt Ihr denen nicht gleich einen ganzen Tag?« Emma von Lesum dachte nun, er meine es ernst und pflichtete dem Schwager bei.

Der Herzog ärgerte sich über seine Bemerkung. Doch sie war gesagt, also sann er nach einer anderen Lösung, um die Gabe möglichst in Grenzen zu halten. »Ich wüsste da einen, der diese Aufgabe gut erfüllen könnte«, sprach er und Emma von Lesum ließ ihn gewähren. Herzog Benno ließ rasch den Bettler kommen, den er kurz zuvor gesehen hatte. Ein armer Teufel, der nicht mehr laufen und nur noch kriechen konnte.

Den Bremern sackte das Herz in die Beinkleider. Die unbedarfte Emma willigte ein und bat den Krüppel, die ihm aufgetragene Aufgabe am nächsten Tag brav auszuführen. Es solle sein Schade nicht sein. Anderntags machte Emma dem Krüppel Mut. Die Abgeordneten trauerten um das verlorene Glück, wussten sie doch, dass der Krüppel ohne Hilfe nicht weit kam. Der Herzog rieb sich insgeheim die Hände. Doch was nun geschah, war ein Wunder. Der Bettler kroch wie ein Weltmeister. Ruhig und beharrlich schleppte er sich Meter für Meter vorwärts, und als die Sonne unterging, hatte er sich um eine beachtliche Flur herumgerobbt. Schließlich war die Weide größer, als die Bürger gehofft hatten.

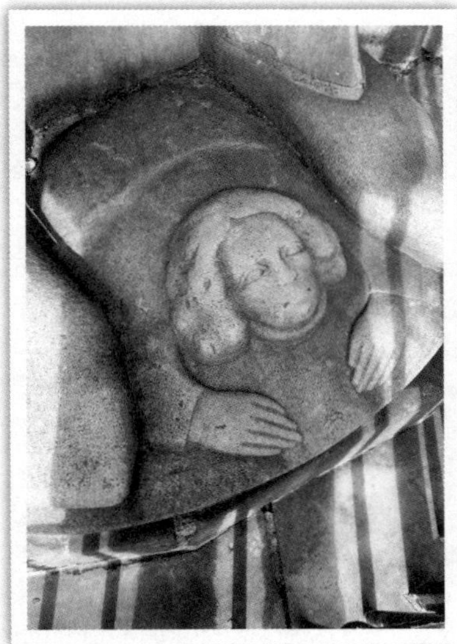

Zwischen den Füßen des Bremer Roland findet man eine Darstellung, die Rätsel aufgibt

Und was blieb dem habgierigen Schwager? Emma von Lesum vermachte ihr Gut an fromme Stiftungen, die Grafschaft fiel an Kaiser Konrad und Benno von Sachsen ging leer aus. Den kennt heute keiner mehr. Den armen Teufel aber sieht jeder, der vor den Bremer Roland tritt und zwischen dessen Füße schaut. Da ist er, zum ewigen Dank für sein gutes Werk in Stein gehauen, ein freundliches Gesicht und zwei Arme, mit denen er sich um die Weide gezogen hat.

Info 22

Der **Roland** steht auf dem Marktplatz vor dem Rathaus in Bremen.

Luzifers Schwung

Wie der Teufel einen Mühlstein nach der Rottstocker Kirche warf

Auf halber Höhe zwischen dem Boden und dem Dach steckt ein großer Mühlstein im Turm der Kirche von Rottstock, einem Ortsteil des brandenburgischen Städtchens Brück. Wie aber das Ding dort hingekommen ist, weiß keiner. Weder im zuständigen Pfarramt noch anderswo finden sich Bau- oder ähnliche Unterlagen, die Auskunft über diesen Stein geben. Also lohnt der Blick ins Buch der Sagen aus dem Kreise Zauch-Belzig.

Demnach hatte sich ein Müller im Nachbardorf Gömnigk dem Gottseibeiuns verschrieben. Seine Geschäfte liefen schlecht und er hoffte, der Teufel könne ihm aus der Patsche helfen. Das tat dieser auch gern, aber zu seinen Bedingungen. So nahm der Müller Glück und Geld und verschrieb dem dunklen Fürsten seine Seele. Der wirtschaftliche Erfolg stellte sich bald ein. Die Bauern aus der Gegend brachten das Korn zu ihm und die Mühle lief und lief. Der Müller war zufrieden.

Rottstock, heute Teil der Stadt Brück, auf einer Ansichtskarte, um 1910

Der Mühlstein im Kirchturm

Doch den Menschen in Gömnigk war er bald nicht mehr geheuer. »Um Mitternacht getraute sich niemand vor der Mühle vorbei, denn einige Männer wollten den Teufel dort schon gesehen haben«, heißt es im Sagenbuch von Oskar Brachwitz. Eines Tages schaute der Böse wieder beim Müller vorbei. Doch dieses Mal kam er nicht, um mit ihm zu plaudern. Er forderte seinen Teil der Abmachung ein. »Vor Angst und Schreck kreideweiß, stammelte der Müller, er wolle Abschied nehmen und sich alles noch einmal ansehen.« Erst dann sei er bereit, Luzifer zu folgen.

Soll er doch, meinte der Teufel. Doch kaum war der Müller vor der Tür, nahm er seine Beine in die Hand und rannte um sein Leben. Mit Satan im Nacken läuft es sich bekanntlich viel schneller. Der Gehörnte wunderte sich erst, dass der Müller nicht in die Stube zurückkehrte. Doch bald dämmerte ihm, dass das Menschlein geflohen war. Inzwischen hatte der Müller die Kirche im Nachbardorf Rottstock erreicht. Der Teufel schrie Zeter und Mordio, packte einen großen Mühlstein und schleuderte ihn nach Rottstock, eine Distanz von bestimmt zwei Kilometern. Den Müller verfehlte er. Stattdessen traf der Stein den Kirchturm, und da steckt er bis heute.

Helmut Kautz, Pfarrer der evangelischen Kirchengemeinde Brück, zu der dieses Gotteshaus gehört, kennt die Sage wohl, hält sich mit einer Erklärung aber an eine andere Deutung. »Die Müller haben im Laufe der Zeit immer wieder maßgeblich die Sanierung der Rottstocker Kirche unterstützt«, sagt er. So gebe es für ihn zwei mögliche Erklärungen für den Stein im Turm. Entweder diente ein ausgedienter Mühlstein als günstiges Baumaterial oder als Zierde und Beleg für die Mildtätigkeit der Müller.

Info 23

Die **Rottstocker Kirche** liegt in der Straße des Friedens 35 in Brück, Ortsteil Rottstock, Landkreis Potsdam-Mittelmark.

Wo der Kurpfalzjäger seiner Lust frönte

Der Teufelsfels im Soonwald

Für sittsame Menschen ist solches Liedgut echtes Teufelszeug. Das bekannte deutsche Volkslied »Ein Jäger aus Kurpfalz« hatte ursprünglich, also um das Jahr 1800, eine derbe sexuelle Bedeutung. Ursprünglich besaß das Lied sechs Strophen, heute findet man in den Liederbüchern nur noch drei. Die »unverhohlen anzüglichen Strophen« 3, 4 und 5 sind offensichtlich der Scham-Zensur zum Opfer gefallen. Übrig blieb eine hübsche Wander-Trällerei mit einer letzten Strophe, die eigentlich keinen Sinn mehr ergibt. Der Kuckuck, der darin besungen wird, bezieht sich eigentlich auf uneheliche Kinder, aber die hat der zügellose Jäger aus Kurpfalz in den Strophen 3 bis 5 gezeugt.

Ob sein historisches Vorbild tatsächlich dem außerehelichen Beischlaf frönte, ist nicht erwiesen. Es ist ja nicht einmal absolut klar, wem man diese Rolle andichtete. Hier und da tauchen Namen möglicher Kandidaten in der Literatur auf, die auch der legendäre Jäger gewesen sein könnten. Einer von ihnen war Friedrich Wilhelm Utsch (1732–1795), Erbförster des Mainzer Kurfürsten im Soonwald. Als oberster Jagdherr des deutschen Reiches fühlte sich Kaiser

Schulausflug im Jahre 1935 auf den Teufelsfels

Wilhelm II. berufen, dem legendären Kurpfalzjäger ein Denkmal zu setzen. 1913 enthüllte der Monarch bei Sobernheim (heute Bad Sobernheim) einen Gedenkstein: »Gewidmet vom Allerhöchsten Jagdherrn seinen Jägern«.

Nicht weit davon entfernt befindet sich ein Felsen, den man den Teufelsstein nennt. Eine Sage aus dem Hunsrück erzählt, dass die Großmutter des Teufels ihrem Enkel auftrug, die neue Kirche in Bundenbach zu zerstören. Also griff sich der Böse einen richtig dicken Stein und schleppte ihn durch den Soonwald, in dem Erbförster Utsch späterhin die Flinte anlegte.

Heute ist der Teufelsfels kein Kletterort mehr

Wie Satan eine Weile gegangen war und er die verdammte Last endlich loswerden wollte, kam eine Frau des Wegs. Es war dies eine Schuhmacherin, die in der Region zahlreiche kaputte Schuhe eingesammelt hatte und nun zur Reparatur in die heimische Werkstatt trug. Der Teufel fragte, wie er nach Bundenbach komme. Die Frau ahnte, was der Steinschlepper im Schilde führte und sprach: »Weit ist es, sehr weit.« Sie kippte die zerlatschten Schuhe aus ihrer Kiepe: »Seht, alle diese Schuhe habe ich seit meinem Aufbruch in Bundenbach schon zerlaufen, so weit ist der Weg.«

Voller Zorn rammte Satan den Stein an die Stelle, an der er stand, und zog maulend davon. Dort, unweit des Dorfes Burschied, liegt der Brocken immer noch, heißt Teufelsfels und lockt die Wanderer an. Um den Neugierigen den Aufstieg auf den Quarzithärtling zu erleichtern, gab es lange Zeit eine verankerte Eisenleiter. Doch der Stein verwitterte immer mehr und man entschied sich, anstelle der Leiter neben den Fels einen zehn Meter hohen Aussichtsturm zu errichten. Das geschah 1985 und erfüllt seinen Zweck.

Und wer dort oben die Aussicht genießt und ein bekanntes deutsches Volkslied pfeift, hört vielleicht in der Ferne den Teufel fluchen. Denn die Kirche in Bundenbach steht immer noch.

Info **24**

Den **Teufelsfels** samt Turm erreicht man über Bruschied, Landkreis Bad Kreuznach.

Unglaublicher Hexenwahn

In Büdingen wurden Hunderte Menschen des Teufels bezichtigt und ermordet

Es fällt unglaublich schwer, einem Menschen heute zu erklären, warum einst Frauen als Hexen verfolgt wurden. Natürlich kann man Fakten nennen, Täter beschreiben, das Leiden der Opfer schildern – aber richtig erklären? Allen Ernstes konnte man damals eine Nachbarin ans Messer liefern, weil eine Kuh kränkelte, weil das Wetter die Ernte verdarb, weil der Gatte oder die Gattin ihren ehelichen Pflichten nicht mehr nachkam. Lief etwas außerhalb der gewohnten Bahn, war für die Leute der Teufel am Werke – und mit ihm seine willfährigen Gehilfinnen, die Hexen. Heute kann man über die unermessliche Dummheit nur den Kopf schütteln, im 16. und 17. Jahrhundert mussten Menschen, meist Frauen, die Dummheit anderer mit ihrem Leben bezahlen.

Büdingen, ein zauberhaftes Städtchen in Mittelhessen, gehört zu den grausamsten Schauplätzen dieser dunklen Zeit. Oberhalb der Altstadt liegt eine Steinformation, die von hellrotem Buntsandstein geprägt ist und im Volks-

Der Wilde Stein oberhalb von Büdingen

mund »Wilder Stein« heißt. Mit hoher Sicherheit zeugen die Brocken von der Zeit, als vor 15 bis 18 Millionen Jahren an dieser Stelle noch Vulkane aktiv waren und sich Lava auf der Erdoberfläche ergoss.

Als die Menschen noch nichts von diesen geologischen Zusammenhängen wussten, galt ihnen dieser Ort als heiliger Platz. In der vorchristlichen Zeit verehrte man dort wahrscheinlich die Göttin Freya, die als Frau Holle bis heute in den Märchenbüchern einen Platz hat. Aus »der wilden Frau Gestein« wurde irgendwann »Wilder Stein«. Als das Land christlich wurde, belegten die Priester den Platz negativ, verteufelten ihn, machten ihn zum unheimlichen Ort. So ist es kein Wunder, dass die Büdinger genau an diesem Platz die Hexen mit dem Teufel tanzen, feiern und buhlen ließen.

Der Hexenturm ist Teil der Stadtmauer

In Büdingen schlugen die Hexenverfolger besonders oft zu. Zwischen 1532 und 1700 wurden allein in diesem Städtchen 670 Menschen (nach anderen Angaben rund 400) ermordet. Mit Blick auf die Einwohnerzahl von gut 900 in der Mitte des 17. Jahrhunderts ist dies unwahrscheinlich viel. Den Höhepunkt erreichte der Wahn zwischen 1632 und 1653. Die kleine Grafschaft Büdingen gehörte zur Kernzone der Hexenverfolgung.

Vergessen ist die Geschichte nicht. 2012 haben die Stadtverordneten von Büdingen alle Opfer der Hexenprozesse rehabilitiert. Es ist nicht schwer, in der Stadt Hintergründe über dieses Kapitel zu bekommen. Inzwischen kann man über die Touristeninformation eine Stadttour buchen, die eineinhalb Stunden dauert und die Gäste zum wuchtigen Hexenturm an der Stadtmauer, einst Gefängnis, und anderen authentischen Orten in der Stadt führt. Bestimmt bekommt man da eine Ahnung vom Ausmaß des Grauens. Aber wirklich verstehen kann es kaum ein Mensch.

Info **25**

In Büdingen, Landkreis Wetterau, führt die Straße »Zum Wildenstein« zu der **Gesteinsformation**. Den **Hexenturm** sieht man gut von der Straße »Am Gebück« aus.

Die Liebe wiegt schwerer als das Böse

Der Teufel am Michaelisbrunnen in Buttstädt

Die Liebe zu einem Kind ist durch nichts aufzuwiegen. Der Teufel hat es versucht, er wollte sogar schummeln und hat noch einen großen Mühlstein dazugenommen. Doch umsonst. Also musste sich Satan geschlagen geben und unverrichteter Dinge abzischen, wieder einmal.

Nun könnten sich die Menschen damit zufriedengeben, den Teufel bezwungen zu haben. In Buttstädt aber hat man diesen Sieg für alle Zeiten festgehalten. Mitten in dem nordthüringischen Städtchen, direkt vor dem Rathaus, steht ein Brunnen, und dies schon seit dem Jahr 1597. Oben auf thront Erzengel Michael, der Schutzpatron der Stadt. In der rechten Hand hat er sein Schwert, er schwingt es über seinem Haupt. In der anderen Hand hält er eine Waage.

Auf dem Brühl, einer schmalen Nebenstraße in Buttstädt, einen Steinwurf vom Rathaus entfernt, lebte einst ein Ehepaar, das keine Kinder bekommen konnte. Es war schon lange verheiratet, aber alle Versuche, Nachwuchs zu zeugen, blieben vergeblich. Doch weil ihr Kinderwunsch größer war als die Furcht vor dem Bösen, ließen sie sich schließlich mit Satan ein. So erzählt es eine Sage, die unter anderem im 1848 erschienenen Sagenbuch von Adalbert Kuhn und Wilhelm Schwarz nachzulesen ist.

Der Teufel wusste Rat – und nannte seinen Preis: Die Frau dürfe das Kind zwar gebären, sie müsse es aber Luzifer geben. Die Eltern ließen sich darauf ein, und siehe, die Frau wurde schwanger und brachte bald einen Knaben zur Welt. »Aber als sie das unschuldige Kind zum ersten Mal lächeln sahen, da ward's ihnen doch so weh ums Herz«, heißt es in der Sage. So baten sie den lieben Gott, er möge das Unglück abwenden.

Gott sandte den Erzengel, und der wusste Rat. Mit einer Waage in der Hand trat der Heilige Michael vor den Teufel und ließ ihn wissen, was geschehen müsse, ehe der Böse das Knäblein bekomme. Nur wenn der dunkle Fürst mehr wiege als das Kind, könne er es mit sich nehmen. Sprach's, setzte das Kind in die linke Waagschale und Luzifer in die rechte.

Mit gleichmütigem Blick saß das weiße Kind mit güldenem Haar in der Schale, die Arme vor der Brust. Der Teufel dagegen hing an der rechten Schale, es war kein Platz mehr für ihn darin, da er einen Mühlstein hineingelegt hatte. Doch es nützte nichts, das pummelige Bürschchen war schwerer, da konnte der Gehörnte mit den feuerroten, wulstigen Lippen und den weit aufgerissenen Augen ziehen und zerren, wie er wollte.

Da staunt der Teufel

Der Erzengel auf dem Brunnen

Der Ursprung dieser Sage ist ungeklärt. Auf dem Wappen von Buttstädt sieht man den Erzengel zwar mit einer Waage in der Hand, ihm zu Füßen windet sich jedoch ein grüner Drache, bezwungen vom Heiligen Michael. Nicht ausgeschlossen ist, dass eine Epidemie die Ursache für die Sage ist. 1597, als man den Brunnen vor das Rathaus stellte, war laut Stadtchronik die Pest ein weiteres Mal ausgebrochen.

Info 26

Der **Michaelisbrunnen** steht auf dem Marktplatz in Buttstädt, Landkreis Sömmerda.

Weiß der Teufel, wo die Hamelner Kinder stecken

Ein Ursprung der Rattenfängersage bei Coppenbrügge

Was ist aus den 130 Kindern geworden, die mit einem bunten Musiker aus Hameln zogen und nie wiederkehrten? Legt man das Grimmsche Märchen vom Rattenfänger beiseite, streicht überhaupt die Ratten heraus, die der Geschichte erst viel später hinzugefügt wurden und schaut auf das spärliche historische Material, tritt ein Ort ins Blickfeld, der die Lösung bringen könnte – die Teufelsküche auf dem Ith-Oberberg bei Coppenbrügge, nur zehn Kilometer von Hameln entfernt.

Zwischen mächtigen Felsen unterhalb der Kuppe stößt man auf ein Geröllfeld. Hier soll einmal eine Höhle in den Berg geführt haben, hier hinein könnte der bunte Pfeifer mit den 130 jungen Hamelnern gezogen sein. »Er führte sie hinaus in einen Berg, wo er mit ihnen verschwand«, schreiben die Brüder Grimm. Die älteste bildliche Darstellung dieser Geschichte von 1592 zeigt tatsächlich einen bunten Musiker und im Hintergrund eine Schar Menschen, die einem Berg zustreben.

Hinter dem Geröll sollen die Kinder verschwunden sein

Als erste kam die Sagen- und Märchen-Forscherin Waltraud Woeller aus Potsdam 1957 auf den Gedanken, dass das Ziel der Kinder- und Jugendschar der Oberberg und konkret die Teufelsküche gewesen sein könnte. Der Coppenbrügger Heimatforscher Gernot Hüsam verfolgt die gleiche Spur. Aus einer Quelle von 1370 weiß man, dass es einen Auszug von Kindern aus Hameln gegeben hatte – vermutlich im Jahre 1284. Es gilt als sicher, dass der Zug zur Zeit der Sommersonnenwende stattfand.

Ob sich junge Leute bei einer Sonnenwendfeier berauscht haben, ob sie am Berg in einen Sumpf gerieten oder ob die Höhle, die man spätestens ab 1771 als Teufelsküche bezeichnete, durch ein Beben einbrach – das vermag niemand zu sagen.

Entführung der Kinder, Abbildung von 1592

Eine gute Stunde braucht man, um von Coppenbrügge den Oberberg, diesen Gipfel des Ith-Gebirges, zu erklimmen. Der Aufstieg lohnt sich. Da oben entdeckt der Wanderer einige faszinierende Gesteinsformationen. Da sind der Wackelstein, der Männeckenstein und der Fahnenstein. Ein Felsenmeer zwischen Wackelstein und Teufelsküche ähnelt einer zerschmetterten Burg. Einzigartig aber sind »Adam und Eva«. An der Nordseite des Oberberges ragen zwei Felsen wie die »Lange Anna« vor Helgoland steil und frei empor. Es liegt auf der Hand, dass den Naturreligionen dieser Berg besonders heilig war. Und dass die Christen, die mit Karl dem Großen im 9. Jahrhundert Einzug hielten, diese Orte dementsprechend verteufelt haben.

Den Geröllhaufen »Teufelsküche« hat noch niemand archäologisch erforscht. Vielleicht ist die Annahme, dort seien junge Leute ums Leben gekommen, zu weit hergeholt. Vielleicht haben die Forscher Recht, die den sagenhaften Auszug der Hamelner Kinder mit der Auswanderung vieler Menschen im 13. Jahrhundert in die heutige Mark Brandenburg erklären. Weiß der Teufel, wie es wirklich gewesen ist.

Info **27**

Am Forsthaus an der Ithstraße am südwestlichen Rand von Coppenbrügge, Landkreis Hameln-Pyrmont, vorbei führen zwei Wanderwege hinauf auf die **Bergkuppe**.

Darum ist alles so schön krumm

Auf Ochsentour mit dem Teufel durch den Spreewald

Die Ochsen sind wieder da – und was für welche. Aueroschen und Wasserbüffel grasen in aller Seelenruhe zwischen den Bäumen und auf der großen Wiese. Nicht etwa zum Vergnügen der Touristen, die die stolzen Tiere vom Wanderweg aus beobachten können. Diese Tiere sind Naturschützer. Sie halten die Spreeaue zwischen Peitz und Burg im Süden des Landes Brandenburg frei von zu vielen Bäumen und Sträuchern. So können sich zahlreiche geschützte Insekten, Vögel und Amphibien ausbreiten.

Was bekannt ist, und das kann man in einem wendischen Sagenbuch von 1880 nachlesen: Der Böse hat mit den Ochsen einen anderen Plan gehabt. Mit zwei großen, schwarzen Ochsen und einem stattlichen Pflug wollte er vor langer Zeit das Bett für die Spree schaffen. Nun taten sich die Tiere an manchen Stellen schwer, Luzifer trieb sie an, schimpfte sie, bewarf sie. Darüber erschraken die Ochsen jedes Mal und rannten mit dem Pflug hin und her. »Dadurch ist die Spree so krumm und winkelig geworden«, verrät die Sage.

Auerochsen grasen friedlich in der Spreeaue bei Peitz

Einst mag diese Mär die Menschen noch geängstigt haben, heute hat sich Satan zum Werbeträger gewandelt. In Dissen nördlich von Cottbus führt eine Straße zur Spree. Kurz vor dem Fluss erhebt sich links der Teufelsberg. Einst durch Aushub aus der Spree entstanden, bietet der Hügel eine gute Aussicht auf das flache Land ringsum. Die Krönung ist ein überdimensionales Ochsengespann samt Pflug und Teufel aus Eiche. 2011 vom Cottbusser Künstler Hans Georg Wagner geschaffen und bald darauf mit einem Landespreis versehen, ist man in Dissen stolz auf diese Kombination aus Kunst und Natur.

Hier kann man die Ochsentour starten, die nur so heißt, weil sie zu den Auerochsen und Wasserbüffeln führt. Denn tatsächlich ist sie alles andere als beschwerlich und dauert, wenn man gemütlich spaziert, eine gute Stunde. In Richtung Burg führt die Teufelstour an der Spree entlang, zu Fuß etwa eineinhalb Stunden. Wer sehen will, wie man zum Wohle der Natur und Artenvielfalt eine Gegend systematisch verändert und die intensive Landwirtschaft zurückgedrängt hat, ist auf dem richtigen Weg.

Das Denkmal für den pflügenden Teufel

Zum Teufel geht es in die andere Richtung, die Spree hinauf, nach Peitz, berühmt für seine Karpfen. Ein schöner Radweg führt vom Teufelsberg teils auf dem alten Spreedeich nach Peitz, schließlich am Hammergraben entlang. Auch dieser Wasserlauf, erzählt das wendische Sagenbuch von 1880, ist des Teufels Werk. Dort gingen dem Bösen die Ochsen vor dem Pflug durch. Sie gingen so wild zur Sache, dass es Luzifer nicht mehr auf den Beinen hielt. Der Pflug warf den Teufel zur Seite, der Böse fiel in ein Gewässer. »In diesem Teiche ist er zur Hölle hinabgefahren«, heißt es weiter. Kein Wunder also, dass das große Gewässer am Ortseingang von Peitz »Teufelsteich« heißt.

Info **28**

Der Parkplatz am **Teufelsberg** liegt am Ende des Spreeweges in Dissen-Striesow, Ortsteil Dissen, Landkreis Spree-Neiße.

Wie der Muttermörder der Hölle entkam

Der Teufelskeller bei Drosa in Sachsen-Anhalt

An dieser Stelle Deutschlands schaut man ganz tief in die Vergangenheit hinein. Das Großsteingrab auf dem 75 Meter hohen Bruchberg bei Drosa (Landkreis Anhalt-Bitterfeld) ist mehr als 5000 Jahre alt. Um das Jahr 1700 wurde es freigelegt und offensichtlich mit einem Sinn belegt, der so gar nichts mit der Geschichte zu tun hat. Die Leute in der Gegend nannten das seltsame Gebilde »Teufelskeller«.

Dazu erzählten sie sich diese Sage: Einst war die Gegend mit einem dichten Wald bedeckt. Unter einem riesigen Stein hatte der Teufel seine Wohnung. Tag und Nacht durchtobte der Böse mit einer wilden Schar von Jägern und Hunden die Gegend. Im Walde wohnte auch ein junger Köhler mit seiner Mutter. Sie war eine fromme Frau, aber der Sohn ein roher, wilder Geselle. Als ihm die Mutter einmal über sein wüstes Leben Vorhalte machte, erhob er voller Wut die Hand und erschlug sie.

Nun war er reif für den Teufel. Auf seinen Streifzügen hatte er den »Alten des Waldes« kennengelernt. Beide schlossen ein Bündnis. Satan versprach dem

Das Großsteingrab ist laut Sage der Teufelskeller

Köhler auf 20 Jahre alle Freuden des irdischen Lebens. Dafür verschrieb dieser sich ihm mit Leib und Seele. In Lust und Wonne verrauschte die Zeit, die der Köhler zu schätzen wusste.

Als die Zeit um war, trat der Teufel vor den Köhler und forderte seinen Teil der Vereinbarung: »In wenigen Tagen ist deine Frist um. Halte dich zur Abfahrt in die Hölle bereit.« Dem Köhler rutschte das Herz in die Hose. Voller Verzweiflung und von Gewissensbissen geplagt, rannte er noch in der gleichen Nacht in den Wald hinaus. In der Nähe erreichte er eine Kapelle. Zerknirscht sank er nieder. Der Priester nahm sich des jungen Köhlers an, da er ehrliche Reue über sein verfehltes Leben und den Mord an seiner Mutter empfand. Der Teufel war darüber sehr erbost. Auf allen Wegen und Stegen versuchte er, den Bekehrten wieder in seine Netze zu ziehen – vergeblich, er war entkommen.

Das freigelegte Großsteingrab

Bei einer Flurbereinigung wurde 1903 mit der Abtragung des Grabes begonnen. Beachtliche Reste der Hügelschüttung hat man noch im Frühjahr 1904 fortgeschafft. Dann erst schritten geschichtsbewusstere Menschen ein. Nach Intervention der anhaltischen Staatsregierung fand vom 13. bis 26. April 1904 eine Ausgrabung des Köthener Geschichtsvereins statt.

Neben Scherben und Gefäßen fand man die Knochen der Bestatteten, stark fragmentiert. Nur an einem Skelett ließ sich die Ausrichtung der Toten ermitteln. Dieses lag in Hockerstellung längs zur Kammer auf der rechten Seite mit dem Kopf nach Nordosten. Ihm waren vier Gefäße beigegeben worden: eine Schale vor dem Mund und drei kleine Tassen vor der Brust. Dass dies die Überreste des Teufels sein könnten, glaubt keiner – heutzutage jedenfalls.

Info **29**

Zum **Hünengrab** fährt man aus Drosa, Landkreis Anhalt-Bitterfeld, in Richtung Bobbe/Dornbeck. Nach 200 Metern geht es rechts in den Diebziger Weg, direkt links hinter der Kleingartensparte führt ein Fußweg dorthin.

Den Teufel an die Wand gemalt

Auf der Wartburg musste Martin Luther den Anfechtungen des Leibhaftigen widerstehen

Es ist der wohl bekannteste Tintenfleck Deutschlands. Auch wenn man ihn nicht sehen kann, ist er irgendwie real. Martin Luther (1483–1546) soll ihn an die Wand gebracht haben. Irgendwann war er da, und weil die frommen Protestanten an Luthers Urheberschaft glauben wollten, ist der Fleck über lange Zeit immer wieder erneuert worden. Von Geisterhand? Bestimmt nicht.

Am 4. Mai 1521 wurde der ungehorsame Augustinermönch Martin Luther auf die Wartburg entführt – zu seinem Wohle und um die Reformation nicht zu gefährden. Kurfürst Friedrich der Weise holte Luther sprichwörtlich von der Straße, bevor es andere tun konnten, die dem Reformator weit weniger gewogen waren. Luther nannte sich Junker Jörg, ließ Haupt- und Barthaare wachsen und blieb bis März 1522 auf der Feste hoch über Eisenach. Die Zeit nutzte er, um zahlreiche Schriften zu verfassen. Die Übersetzung des Neuen Testaments aus dem Griechischen ins Deutsche ist unter ihnen die bekannteste. Diese Arbeit nahm ihn elf Wochen in Anspruch.

Der Innenhof der Wartburg

Irgendwann in dieser Zeit soll dem Reformator der Böse erschienen sein. »Des nachts durch den Teufel geweckt, soll sich Luther mit einem beherzten Wurf mit dem Tintenfässchen gegen den Satan verteidigt haben«, heißt es bei Luther.de in der Rubrik »Legenden um Luther«. Tatsächlich machten Luther Anfechtungen zu schaffen. Die Einsamkeit in der Burg trug dazu bei, dass alte Ängste vor der Macht des Bösen in ihm aufstiegen. Luther litt unter der Verbannung, allerlei körperliche Gebrechen plagten ihn.

Von Luther selbst stammt die Aussage, er habe »den Teufel mit Tinte vertrieben«. Doch letztlich wohl nicht, indem er ein Fässchen davon gegen die Wand pfefferte, sondern weil er gegen die Irrungen und Wirrungen des römisch-katholischen Christentums anschrieb. Der Nachwelt hinterließ Luther eine ganze Reihe kluger Worte, die mit dem Teufel zu tun haben. Manche haben es zur geflügelten Redensart gebracht, etwa, dass man den Teufel nicht an die Wand malen soll. Bei Luther sollte man ihn nicht über die Tür malen.

Die Lutherstube mit dem Tintenfleck

Auch diesen Spruch hinterließ Luther: »Und wenn die Welt voll Teufel wär'// Und wollt' uns gar verschlingen,// So fürchten wir uns nicht so sehr,// Es muß uns doch gelingen!«

Bis ins 18. Jahrhundert hinein soll der Tintenfleck in der Lutherstube immer wieder erneuert worden sein. Davon, dass ein Fleck dort war, kündet ein großes Loch im Putz. Nicht wenige Besucher haben sich ein Putzstückchen mitgenommen. In der Wartburg, seit 1999 Weltkulturerbe, sorgt heute ein Absperrseil dafür, dass man der Wand nicht mehr zu nahe kommt. Dennoch kann man den Teufel von der Wartburg nach Hause tragen. Im Museumsladen gibt es T-Shirts und Puzzles mit einem Bild von ihm. Und einen Likör namens »Luthers Tintenklecks«.

Info **30**

Die **Feste** liegt Auf der Wartburg 1 in Eisenach.

Das Bild vom Bösen

Spiel mit dem Teufel am Drehort Kloster Eberbach am Rhein

Er ist da. Doch will man den Teufel sehen, so zeigt er sich nicht. Da steht man in den leeren Räumen und kann auf Luzifer warten, bis man schwarz wird. Kloster Eberbach im hessischen Eltville am Rhein ist ein Ort der Verführung. Immer wieder suchen ihn Regisseure für ihre Inszenierung auf. Der wohl berühmteste Streifen, der in diesen Mauern entstand, ist »Der Name der Rose«, die Verfilmung des großen Romans von Umberto Eco.

Jean-Jacques Annaud drehte in dem ehemaligen Zisterzienser-Kloster etliche Szenen des Filmes, der den Menschen viel über die christliche Sicht auf den Teufel erzählt. Mönch William von Baskerville (gespielt von Sean Connery) ermittelt, unter welchen Umständen Mönche der Abtei ums Leben kamen. Derweil der Abt die dunkle Macht am Werke sieht, sucht Baskerville eine natürliche Erklärung. Und gerät mit frömmelnden Widersachern in Konflikt.

Lauschig liegt das Kloster Eberbach im Rheinland, hier um 1930

»Der Teufel ist nicht der Fürst der Materie«, entgegnet Baskerville einem Glaubensbruder, »der Teufel ist die Anmaßung des Geistes, der Glaube ohne ein Lächeln, die Wahrheit, die niemals vom Zweifel erfasst wird.« Im Kloster Eberbach entstanden Bilder unter anderem in der Klosterkirche und dem alten Hospital. Der Schreibsaal der Mönche im Film, das Scriptorium, war im wahren Klosterleben das Dormitorium, ein Schlafsaal.

Das Dormitorium diente als Drehort

Im Jahr 1136 hatte der Zisterzienser-Orden das Kloster im Rheingau gegründet. Getreu der Maxime »ora et labora« (bete und arbeite) gedieh die klösterliche Wirtschaft, so mit einem erfolgreichen Weinbau, der dort heute noch existiert. Der letzte Mönch verließ das Kloster Ende 1803. Danach dienten Teile der Anlage als Irrenanstalt, Arbeitshaus und Gefängnis. Mitte des 19. Jahrhunderts kamen die ersten Touristen. Heute führt eine Stiftung den Betrieb der Klosteranlage.

Dass Annaud und Produzent Bernd Eichinger dieses Kloster auswählten, ist kein Zufall. Es steht seit Jahrzehnten in der Location-Datenbank der Film-Kommission Hessen. Hollywood-Regisseur Irving Pichel drehte dort 1954 »Martin Luther«, die erste US-amerikanisch-westdeutsche Koproduktion nach dem Zweiten Weltkrieg. »Hildegard von Bingen« entstand 2009. Als man im Februar 2015 mit einem aufwendigen Trailer für die fünfte Staffel der Fantasy-Reihe »Game of Thrones« warb, bekam der Zuschauer einen faszinierenden Eindruck von der Raumwirkung der Klosterkirche. Ein Drache, gut in die Kulisse montiert, steigt im Chorraum auf, schlägt mit dem Flügel und speit Feuer. Der Teufel, kein anderer steckt im überkommenen christlichen Verständnis im Gewand des Drachen, geht unter die Decke.

Oder ist er es nicht? Umberto Eco lässt es seinen William von Baskerville so erklären: »Der einzige Beleg, der für die Anwesenheit des Teufels spricht, ist jedermanns Begierde, ihn am Werke zu sehen.«

Info **31**

Kloster Eberbach liegt in Eltville am Rhein, Landkreis Rheingau-Taunus-Kreis.

Gekämpft wie tausend Teufel

Die Dusenddüwelswarf in Dithmarschen

Fremder, kommst Du nach Dithmarschen, lass Dir raten, die Dithmarscher nicht zu unterschätzen. Von oben betrachtet, sieht Schleswig-Holstein aus wie ein Kopf im Profil. Dithmarschen ist der Mund, der sich in die Nordsee öffnet, mit dem Seebad Büsum auf der Oberlippe.

Die Alteingesessenen sind eher wortkarg. Friesen eben, ein stolzes Volk. Vor rund 30 Jahren kam ein kluger Kopf auf die Idee, den Aufkleber mit dem Kreiswappen und dem Spruch »Dithmarschen – das letzte Abenteuer Europas« in die Welt zu setzen. Den findet man zwischen Brunsbüttelskoog im Süden und Buttermilchkrug im Norden des Landkreises immer noch auf Autos und anderen öffentlichen Bekenntnisstellen. Wer mit frohem Herzen kommt und offen ist, macht sich in Dithmarschen viele Freunde. Die anderen soll der Teufel holen.

Und genau das ist vor einem halben Jahrtausend geschehen. Die »Schlacht bei Hemmingstedt« hat den Dithmarschern viel Respekt eingebracht und anlässlich des 400. Jahrestages ein imposantes Denkmal. Der Anlass des Gefechts: Der dänische König Johann I. und sein Bruder, Herzog Friedrich von Holstein, wollten den nach Freiheit strebenden Bauern in Dithmarschen zeigen, wer die Herren an der Westküste waren. »Vor allem im späten Mittelalter und in der frühen Neuzeit war Dithmarschen vom Wohlstand der großbäuerlichen Oberschicht, hohem Selbstbewusstsein und faktisch weitgehender Unabhängigkeit gekennzeichnet. Gewaltsame Unterwerfungsversuche scheiterten wiederholt«, heißt es in einem Beitrag zur Geschichte Dithmarschens.

Im Laufe der Zeit gab es mehrere Versuche, dieses Selbstbewusstsein zu dämpfen. So auch im Jahr 1500. Wie viele Männer im Sold des Dänenkönigs und Holsteiner Herzogs gegen die Bauern vorgingen, ist nicht zweifelsfrei erwiesen. »Solide Quellen gehen von etwa 12 000 Mann aus«, sagt Henning Tanneberger, Mitarbeiter der Dithmarscher Gemeinde Epenwöhrden. In der Mitte der Region hatte das Heer mit seiner berüchtigten schwarzen Garde bereits viel verwüstet. Die Süderdithmarscher bereiteten sich auf den Angriff nach Süden vor. Nur wenige blieben zur Verteidigung zwischen Hemmingstedt und Epenwöhrden zurück.

Und genau dort krachte es am 17. Februar 1500. Tanneberger zufolge sollen sich zu Beginn der Schlacht etwa 300 Männer gegen die Söldner gestellt haben. Zum Schluss seien es 1 500 gewesen, die den Fremden Paroli boten. Das Ergeb-

Seit 1900 erinnert ein Denkmal an die Schlacht in Dithmarschen

nis: Die Schlacht bewahrte die Unabhängigkeit der Bauernrepublik Dithmarschen für weitere 59 Jahre.

Immer wieder kam die Frage auf, wie dieser kleine Haufen ein so großes Heer bezwingen konnte. »Die Dithmarscher ›haben sich gewehrt wie tausend Teufel‹, war die gängige Antwort«, hält Tanneberger fest. So habe der Ort dieser bemerkenswerten Schlacht eben den Namen »Dusenddüwelswarf« bekommen.

Info **32**

Die **Dusenddüwelswarf** liegt in Epenwöhrden, Landkreis Dithmarschen.

Echt zum Heulen

Warum der Teufel so sauer auf die Esslinger ist

Im schwäbischen Esslingen stößt man am Rand des sanierten Stadtgebietes Heppächer auf einen Zwiebelbrunnen. Eine überdimensionale Zwiebel liegt in einer flachen Schale, die in einem achteckigen Becken thront. Wasser fließt herab. Nun ist dies allerdings kein Fingerzeig, man möge eine Zwiebel unter laufendem Wasser schälen und schneiden, damit sie nicht in die Augen beißt. Auch wenn es stimmt und Wasser beim Schälen wirklich hilft. Der Grund für das Wasserspiel ist ein anderer. Der Esslinger Bildhauer Wolfgang Klein hat mit dem Brunnen seine Version von der Sage mit dem Teufel und der Zwiebel ins Stadtbild gesetzt.

Die Geschichte reicht in die Zeit zurück, in der die Menschen noch sahen, was sie glaubten. Also auch den Teufel. Der war eines schönen Tages durch das Städtchen gegangen und hatte seinen Spaß mit den Leuten. Höflich grüßte er

Der Zwiebelbrunnen erzählt davon, wie die Esslinger den Teufel geärgert haben

die Menschen, freundlich wie die Esslinger schon immer waren, grüßten sie zurück. Insgeheim freute sich der Schwarze, dass die Leute nicht einmal ahnten, wem sie da so höflich einen guten Tag wünschten. Hätten sie gewusst, dass ihnen der Teufel begegnet war, sie wären entweder wütend auf ihn losgegangen oder schreiend davon gelaufen. So schlenderte Satan über den Markt und genoss sein Inkognito.

Als er Lust bekam, einen guten Apfel zu verspeisen, trat Luzifer an den Stand eines Marktweibes und bat um eine solche Frucht. Mochten die anderen Leute den Bösen nicht erkannt haben, diese Marktfrau tat es. Ein Hauch von Schwefel war ihr in die Nase gestiegen, und wie sie sich nach ihren Körben bückte, bemerkte sie auch den Huf, der anstelle eines Schuhs unter dem Mantel hervorlugte. Dem zeige ich es, dachte sie, nahm eine Zwiebel statt eines Apfels und reichte sie dem Teufel. Der biss herzhaft hinein, kaute, erschrak und spie das Stück im hohen Bogen wieder aus.

Esslingen auf einer Ansichtskarte, um 1930

Wütend brüllte er über den Markt: »Das sollen eure Äpfel sein? Spott über euch Esslinger! Von nun an sollt ihr alle Zwiebel heißen!« Sprach's und stampfte verärgert davon.

Die Geschichte ist wenigstens 230 Jahre alt. Auf der Esslinger Internetseite findet sich der Brief eines anonymen Verfassers vom Oktober 1789. Darin heißt es, dass »die Esslinger-Zwiebeln zum Sprüchwort geworden« seien. An der Frauenkirche in Esslingen entdeckt man allerlei Wasserspeier. Einer von ihnen wurde im 19. Jahrhundert ausgetauscht und fristet nun in einer gläsernen Vitrine im Esslinger Stadtmuseum sein Dasein. In der rechten Klaue hält dieses diabolische Wesen mit Hörnern und Krallen an den Füßen ein zwiebelartiges Etwas, sperrt das Maul weit auf und sieht verdammt wütend aus. Die Zwiebelsage passt eindeutig.

Info **33**

Der **Zwiebelbrunnen** steht Im Heppächer in Esslingen am Neckar.

Die Spuren des Bösen

Der Teufelsstein bei Feldberg in Mecklenburg

Der Teufel stammt nicht vom Menschen ab. Kann er ja gar nicht. Am Zansen, einem schmalen See bei Feldberg im Süden Mecklenburgs, liegt der Beweis. 20 Rillen hat der Teufelsstein. Mit seinen Fingern, demnach 20, soll der Böse diese Spuren hinterlassen haben, parallel und tief in den Granit eingeritzt. Zu finden sind sie auf der unteren, dem See zugewandten Seite des Brockens. Als die Menschen noch keine Ahnung von globaler Klimaveränderung und Eiszeit und der Kraft der Gletscher hatten, war für sie klar: Hier war der Teufel am Werke gewesen, die Spuren seiner Krallen bezeugten dies.

Gut zwei Meter breit und einen Meter hoch ist der Findling am Wegesrand zwischen Feldberg und dem Zansen. Ein Wanderweg über den Hullerbusch, so heißt das Areal zwischen dem Zansen im Osten und dem See Schmaler Luzin im Westen, führt an dem Stein vorbei. Bevor man wusste, wie Eiszeiten die Welt verändert haben, erklärte man sich die Herkunft des Steins mit den bemerkens-

Der Teufelsstein am Rande des Fridolinweges

werten Rillen so: Ein Müller aus Conow, wenige Kilometer östlich von Feldberg gelegen, hatte reichlich Not, seine Mühle in Gang zu halten. Er bat den Satan um Hilfe, verschrieb ihm seine Seele, hatte hernach ein gutes Auskommen, dann aber doch Schiss, als der Böse nun seinen Teil der Abmachung einforderte. Der Tag der Erfüllung war fast heran, da suchte der Müller sein Heil in der Flucht. Über den Hullerbusch lief er zum Zansen und der Teufel hinterher. Beherzt sprang der Mühlmann in den See und schwamm hinüber. Voller Wut packte der Leibhaftige einen großen Stein und schleuderte diesen dem Müller nach. Doch der Fels verfehlte sein Ziel und blieb auf der anderen Seite des Gewässers liegen.

Fallada-Gedenkmarke von 1993

Für die Forscher ist der Stein so wertvoll, weil er heil geblieben ist. Für gewöhnlich haben Menschen Feldsteine als Steinbruch für Baumaterial genutzt. In diesem Falle konnten sie es aber nicht, weil der Findling zu dicht am Steilufer liegt. Jedes abgesprengte Stück wäre in den See gefallen und verloren gewesen.

Warum der 10,5 Kilometer lange Wanderweg nach Fridolin, dem Dachs, benannt worden ist, erschließt sich dem Neugierigen spätestens, wenn er Carwitz erreicht. Hier lebte der Schriftsteller Hans Fallada (1893–1947) von 1933 bis 1944 mit seiner Familie und hinterließ etliche literarische Spuren. Neben so wichtigen Werken wie »Jeder stirbt für sich allein« und »Wer einmal aus dem Blechnapf fraß« verfasste Fallada Geschichten über den frechen Dachs Fridolin. Das wissen die Touristiker in dieser wirklich schönen Ecke Deutschlands gut zu nutzen.

Das Wohnhaus Falladas in Carwitz ist heute ein Museum. Der Besuch lohnt sich in jedem Fall, und sei es, um am Beispiel des berühmten Schriftstellers zu erfahren, wie des Teufels Werkzeuge Alkohol und Drogen einen Menschen zugrunde richten können. Die Sucht gehörte zu den Schattenseiten des Literaten.

Info **34**

Ein guter Startort für die Wanderung auf dem **Fridolinweg** ist der **Wanderparkplatz** in Feldberger Seenlandschaft, Ortsteil Feldberg.

Pass bloß auf!

Der Brückenhahn mahnt Schiffer auf dem Main in Frankfurt zur Vorsicht

Nach dem guten Mahl in der »Kleinen Hölle«, der Gaststätte im ältesten massiv gebauten Haus im Frankfurter Stadtteil Sachsenhausen, geht es hinaus in die klare Nacht. Der Weg verläuft durch die Klappergasse und die Große Rittergasse zum Main, hinüber in die Altstadt. An dieser Stelle führt die Alte Brücke über den Strom. Ein Bauwerk, das es ohne den Teufel nicht gäbe – wenn man ernst nimmt, was die Brüder Grimm einem erzählen.

Der Sage nach musste die Brücke zu einem bestimmten Tag fertig werden. Der Bau war jedoch aus dem Zeitplan gefallen. Anders als spätere Baumeister, die eines Tages in Hamburg ein Konzerthaus errichten und bei Berlin einen großen Flughafen schaffen sollten, fühlte sich der Frankfurter Baumeister dem Termin verpflichtet. Und doch, mit Kraft und Mut allein war das Werk nicht zu vollenden. Zwei Tage blieben ihm noch. So rief er den Teufel um Hilfe.

Der Gottseibeiuns erschien prompt. So und so sei es, sprach der Baumeister. »Wir schaffen das«, erwiderte Luzifer, nahm dem Baumeister das Versprechen

Die Steinerne Brücke über den Main in Frankfurt, um 1900

ab, ihm die erste Seele zu geben, die über die Brücke ginge, und legte los. Der nächste Tag brach an, die Brücke zwischen der Altstadt und Sachsenhausen war komplett. Der Baumeister aber wollte keinen Menschen opfern. Stattdessen scheuchte er einen Hahn hinüber.

Um seinen Lohn betrogen, packte der Teufel den armen Gockel, zerfetzte ihn und warf ihn gegen die Brücke. Dabei entstanden zwei Löcher. Obwohl man sie vermauerte, brachen sie über Nacht stets wieder auf. So jedenfalls erklären sich die Frankfurter, warum auf dem großen Kreuz auf der Brücke ein Hahn thront – der Brickegickel.

Ältestes Bild des »Brückengickels« von 1405

Müßig zu fragen, wer zuerst da war: der Brückengockel oder die Sage. Die Brücke geht wahrscheinlich auf ein Bauwerk aus dem 12. Jahrhundert zurück. Das Kruzifix auf dem mittleren Bogen der Brücke wurde erstmals im Jahr 1401 schriftlich erwähnt. Das Kreuz markierte die Stelle des tiefsten Fahrwassers. Eine Abbildung von 1405 zeigt das Kruzifix zwischen den beiden Brückentürmen. Auf dem Kreuz sitzt der Hahn. Der Hahn als Symbol für die Wachsamkeit? Passt auf, Bootsmänner, dass ihr euer Schiff sicher durch die Strömung unter der Brücke hindurchbekommt.

Vielleicht sollte der Hahn sündige Leute mahnen, um Vergebung zu bitten. An der Stelle, wo das Kreuz steht, haben die Frankfurter jahrhundertelang zum Tode Verurteilte hingerichtet. Man band ihnen Arme und Beine zusammen und schob sie auf einem Brett über die Brüstung. Ehe sie in die Fluten fielen und ertranken, sahen sie den Brickegickel, der sie zur Buße mahnte.

Der aktuelle Brückenhahn ist der sechste seiner Art, er stammt aus dem Jahr 1994. Der erste versank 1434 bei einem heftigen Sturm im Main, der zweite wurde 1635 abgeschossen. Ähnlich erging es den Nachfolgern. Den fünften holten sich 1992 Diebe.

Info **35**

Die **Alte Brücke** verbindet in Frankfurt am Main die Altstadt mit Sachsenhausen.

Der betende Teufel

Das Tympanon im Freiburger Münster und seine diabolischen Darstellungen

Auf dem Tympanon im Freiburger Münster ist wirklich der Teufel los. Mehr als ein halbes Dutzend Satansfiguren sind auf ihm zu entdecken. Und was für fiese Kerle das sind. Zwei freuen sich über Judas' Selbstmord und spießen seine Seele auf, die aus dem leblosen Körper nach oben entfleucht. Andere Teufel ziehen Verdammte an einer Kette in den Rachen der Hölle. Schließlich mühen sich zwei Teufelchen redlich, den Heiligen Michael daran zu hindern, dem Bösen eine Menschenseele zu entreißen.

Soweit, so eindeutig. Doch rechts neben dieser Michael-Darstellung entdeckt der Betrachter eine Figur, die unglaubliche Ähnlichkeit hat mit Lord Voldemort, dem furchtbaren Zauberer aus den Harry-Potter-Romanen – ähnlich zumindest der Gestalt aus der Kinoverfilmung. Dieser Teufel hat statt einer Nase zwei Löcher mitten im Gesicht, ein verdammt breites Maul mit roten Lippen. Seine Füße sind Vogelkrallen, die spitzen Ohren erinnern an einen Elf oder

Der vermeintlich betende Teufel im Westportal des Münsters

Kobold, hinter dem Rücken lugt ein Schwanz hervor. Die Hände hat er ineinander verschränkt. Und da er etwas verzagt dreinschaut, sehen manche Betrachter in ihm den »Betenden Teufel«.

Die sieben Portale des Freiburger Münsters, dessen Bau um das Jahr 1200 begonnen wurde, erzählen Geschichten. Über den Eingängen bieten sich dem Betrachter christliche Begebenheiten und Szenen dar. Am Nordportal erfährt man, wie Gott die Welt erschaffen hat. Am Südportal begegnet man dem Heiligen Nikolaus, dem Schutzpatron der Kaufleute. Die Figur, datiert um das Jahr 1120, ist älter als das Münster. Sie stammt aus der kleinen Kirche, die für das große Münster weichen musste.

Das Freiburger Münster, um 1920

»Das Prachtstück unter den Portalen«, frohlockte die Badische Zeitung im März 2013, »ist zweifelsohne das Westportal, der Haupteingang ins Münster.« Auf diesem farbenfrohen Bildnis sieht man Christi Geburt, den Tod des Verräters Judas, dem die 30 Silberlinge entgleiten, und die zahlreichen Teufel. »Hier findet man alles, was man im Leben wissen muss«, zitierte die Zeitung den Freiburger Philologen Konrad Kunze. Er hatte 2007 ein Buch über diese bemerkenswerte Kirche veröffentlicht.

Zu den legendärsten Figuren dieses Portals »gehört der betende Teufel«, hieß es in der Zeitung. Und eine Erklärung der Szene gab es auch: »Es sieht nur so aus, als ob er die Hände zum Gebet gefaltet hätte.« Vielmehr sei der finstere Fürst stinksauer darüber, dass seine zwei Teufelchen nicht den Heiligen Michael bezwingen können. Die ähneln eher frechen Wichteln, die ihre Aufgabe nicht so ganz ernst nehmen. Vielleicht ist der große Teufel deshalb ungehalten und brüllt die schwarzen Kerlchen an, derweil Erzengel Michael freundlich lächelt. Die betende Haltung der Hände Luzifers aber erklärt dies nicht. So bleibt weiter Platz für Interpretationen.

Info **36**

Das **Münster** steht in der Innenstadt am Münsterplatz in Freiburg im Breisgau.

Ortsgründungen dank des Teufels

Wie die Bredows ins Havelland kamen

Spätestens seit der Bodenreform nach dem Zweiten Weltkrieg ist es vorbei mit der Herrlichkeit großer Adelshäuser in der Mark Brandenburg. Was den Blaublütigen noch gehörte, wurde ihnen genommen, parzelliert und auf viele Familien verteilt. So auch die großen Besitzungen der weit verzweigten Familie derer von Bredow, einem uralten märkischen Geschlecht. Entweder kamen die ersten Bredows (oder Bredaus) schon im 10. Jahrhundert aus dem Westen in die Mark oder es war gut 200 Jahre später, als der Askanier Albrecht der Bär im Jahre 1157 die Mark übernahm. In dieser Zeit gab er einem Bredow das Städtchen Friesack im Havelland. In mehreren Orten ließ sich die Familie nieder.

Das geschah aber nicht einfach so, erfährt man in der Literatur, sondern mithilfe des Teufels. In der ältesten märkischen Sagensammlung von Adalbert Kuhn, erschienen 1843, kann man lesen, wie es passiert sein soll. Sagensammler Kuhn war diese Mär mündlich übertragen worden, sie hat also etwas sehr Ursprüngliches.

Das Teufelsdenkmal an der Bundesstraße 5 in Friesack

Danach wollte Satan allerlei adelige Leute mustern, »die nicht mehr gut thun wollten«. Er steckte sie alle in seinen Sack, warf sich diesen über die Schulter und flog fröhlich mit dem zappelnden Gebinde über das Land. Wie der Böse mit seiner Beute über einen Ort sauste, flog er zu tief. Der Sack geriet gegen die Spitze eines Kirchturmes, riss auf, und heraus purzelten einige dieser Edelleute. Gut ein Viertel seiner Ladung war aus dem Sack befreit. Luzifer bemerkte es nicht und flog weiter.

Der Ort, in dem die Kirche mit dem spitzen Turm stand, nannte man daher »Friesack«. Die Herren von Bredow, die auf diese Weise befreit worden waren, nutzten die Gunst der Stunde und ließen sich an verschiedenen Stellen der Gegend nieder, »wo bekanntlich eine große Menge von Rittergütern in ihrem Besitz sind«, erzählt die Sage.

Bredow-Grab in Landin

Von Friesack aus, wo der älteste der Brüder blieb, verteilten sich die Bredows in der Gegend. So sollen Pessin, Landin, Selbelang, Retzow und schließlich das Dörfchen Bredow entstanden sein. Die meisten Orte finden sich links und rechts der alten Reichs- und heutigen Bundesstraße 5 zwischen Nauen und Friesack.

Kein Wunder also, dass die Friesacker beim Ausbau der Bundesstraße 5 ausgerechnet einen der neuen Kreisel auserwählten, um ihn mit dem Stadtwappen und dem fliegenden Teufel zu schmücken. Im Jahr 2010 ist dies geschehen. Wer über Land von Hamburg nach Berlin fährt, muss also halb um den Teufel herum.

Nach einer anderen Sagensammlung sprang noch ein Adeliger aus dem Sack heraus. Es war ein Herr von Arnim, Vertreter eines anderen renommierten Geschlechts in der Mark, aus dem einige Schriftsteller hervorgingen. Auch er landete sanft und gründete an dieser Stelle den Ort Wagenitz.

Info **37**

Der Kreisel mit der **Teufelsskulptur** findet sich an der B-5-Ortsdurchfahrt in Friesack im nördlichen Landkreis Havelland.

Kein guter Ort für Lästermäuler

In Fulda leuchtet der Teufel den bösen Zungen den Weg

Zänkische Leute, die über ihre Mitmenschen herziehen und böse Verleumdungen in die Welt setzen, sollten einen Bogen um Fulda machen. Der Sage nach müssen solche Spötter über ihren Tod hinaus für ihre lästerlichen Worte büßen. So erging es jedenfalls Mägden, die sich am Rathausbrunnen in Fulda trafen, um dort zu klatschen und zu tratschen, »und bis spät am Abend sind hier ihre bösen Zungen in Thätigkeit«. So steht es bei Johann Georg Theodor Grässe im Sagenbuch des preußischen Staates von 1868/71 geschrieben.

Wer zeitlebens die Verleumdungen nicht widerruft, dem beschert das Schicksal ein unruhiges Leben nach dem Tod. Denn jene müssen mit ihrer Zunge die Rathaustreppe scheuern, »wozu ihnen der Teufel leuchtet«, heißt es in der Sage weiter. Damit es auch ordentlich sauber wird, müssen die Lästermäuler am Brunnen den Mund voll Wasser laden. Nun sollten sich Männer aber nicht in Sicherheit wiegen, weil die Mär nur von geschwätzigen Mägden spricht. Satan dürfte es egal sein, wem er nachts den Weg leuchtet.

Ganz und gar nicht egal ist ihm, was im Fuldaer Dom geschah. Dass das Gotteshaus errichtet wurde, grämte den Teufel sehr. Als ihm klar wurde, wie viele Seelen ihn diese Kirche kosten werde, »verlor er vor Ärger die Farbe und wurde kreidebleich«, schreibt Sagensammler Grässe. So sehe man den Bösen heute noch in der Kuppel der großen Kirche, die dem Heiligen Salvator geweiht ist. Dort oben bewacht ihn der Erzengel Michael.

Wahrlich hat die Farblosigkeit des Teufels etwas mit der Gesamtgestaltung der Kirche zu tun. Zumindest empfängt das Innere des Gotteshauses den Besucher mit viel freundlichem Weiß. Das Gotteshaus ist ein relativ junges. Es wurde von 1704 bis 1712 als dreischiffige Basilika errichtet, dort, wo über 900 Jahre lang die Ratgar-Basilika gestanden hatte. Am 15. August 1712 weihte man die neue Kirche auf das Patrozinium Christus Salvator.

Zu Ehren des Heiligen Bonifatius feierte man in Fulda dessen 1150. Todestag am 4. Juni 1905 und entzündete ein Feuerwerk. Hatte nun Satan seine Finger im Spiel? Ein Feuerwerkskörper setzte im rechten Domturm wahrscheinlich Dohlennester in Brand und er brannte völlig aus. Die beiden Glocken »Osanna« und »Bonifatius« wurden dabei zerstört. Auch im Zweiten Weltkrieg wurde der Dom schwer beschädigt.

Vom Teufel, meint man heute, könnte in Fulda noch der Hexenturm künden. Allerdings waren in diesem Turm, Teil der mittelalterlichen Stadtbefesti-

Der Dom in Fulda auf einer Ansichtskarte, um 1930

gung, zwar zeitweilig Frauen eingesperrt, wohl aber nicht in den Zeiten der Inquisition. Also keine Teufels-Weiber, sondern weltliche Kriminelle. Erst Ende des 19. Jahrhunderts hat der Volksmund aus dem »Turm am Frauentörlein« den Hexenturm gemacht. Hexenturm klingt ja auch eingängiger, selbst wenn die als Hexen diffamierten Frauen nicht dort, sondern im Verließ des Stadtschlosses schmachten mussten.

Info 38

Der **Dom** befindet sich am Eduard-Schick-Platz in Fulda.

Kein Bann hält ewig

Der Teufel im Krüppel und das Ringen gegen Atomstrom in Gelsenkirchen-Nord

Teufelszeug ist keine Sache des Mittelalters. Auch in der Gegenwart ringen brave Christen gegen die Verlockung des ewigen Verführers. Nein zu sagen, trauen sich einige. Doch was die evangelische Lukas-Kirchengemeinde im Gelsenkirchener Stadtteil Hassel angepackt hat, wagten nur die wenigsten Leute. Sie machte Anfang der 1980er Jahre gegen den Atomstrom mobil. Und handelte: Den Zehnten jeder Stromrechnung wollten die wackeren Protestanten einbehalten, bis ihnen die Energieversorger wirklich sauberen Strom lieferten.

Ganz in der Nähe dieser Kirchengemeinde hatte einige Jahrhunderte zuvor ein christlicher Geistlicher versucht, das Böse zu vertreiben. Am alten Kirchweg zur St.-Urbanus-Kirche in Buer, wie Hassel heute Teil von Gelsenkirchen-Nord, wohnte »ein alter, eisgrauer Mann, ein Krüppel mit einem Buckel«, erzählt eine Mär aus dem »Sagenhaften Ruhrgebiet«. Nicht allein, dass er hässlich war, er griff die Leute an und verhexte sie. Mit der Zeit wurde es dermaßen schlimm, dass die Menschen im Dorf weder ein noch aus wussten.

Die St. Urbanus-Kirche in Buer, um 1910

Ähnlich schlecht fühlten sich viele Menschen in den 1980er Jahren – nach der Kernschmelze im AKW in Harrisburg (USA). An den westdeutschen Autos blühten die gelben »Atomkraft? – Nein danke«-Aufkleber auf. Zu dieser Zeit waren Atomunfälle à la Tschernobyl und Fukushima noch in ziemlich weiter Ferne. Die evangelische Kirche bot dem Protest vielerorts eine Plattform.

St. Urbanus, um 1910

Gegen den bösen Krüppel aus Buer sollte den verzagten Menschen ein Geistlicher helfen. Sie berichteten dem Pater, was der alte Mann getan hatte. Der Teufel stecke in dem Buckligen, dessen war sich die aufgebrachte Menge sicher. So machte sich Hochwürden an die Arbeit.

Der Kampf gegen den Atomstrom brachte der Kirchengemeinde Respekt und Schlagzeilen ein. Die Energieversorger beeindruckte dies wenig. Sie pochten auf die volle Bezahlung der Stromrechnung. Es kam, wie es kommen musste: Man traf sich vor Gericht und ließ die Justiz entscheiden.

Einen Teufel treibt man nicht nebenbei aus. An dem Buckligen biss sich der Pater beinahe die Zähne aus. Er bekam den Gottseibeiuns nicht aus dem alten Mann heraus. Eines aber gelang dem Geistlichen: Er konnte den Mann samt Geist bannen, im Winkelbusch, heißt es in der Sage. »Dort, wo der Grüne Weg anfing und aufhörte, stand ein Kreuz, um den Teufel zu bannen und den Weg zur St.-Urbanus-Kirche wieder freizumachen«, erzählt die Sage. Der alte Mann versuche aber immer wieder, auf diesen Weg zuzugehen. Aber es ist schwer. Nur alle 100 Jahre kommt er einen Hahnenschritt voran.

Und die Lukas-Gemeinde? Sie hatte 1982 keinen Erfolg. Das Bundesverfassungsgericht wies ihre Beschwerde gegen die Atomkraft zurück. Sehr zur Freude der Atomlobby. Doch wer zuletzt lacht, darf sich heute umso mehr über den beschlossenen Atomausstieg freuen. Auch wenn sich der Teufel mächtig dagegen wehrt.

Info 39

Der **Winkelbusch** liegt am heutigen Winkelbuschweg in Gelsenkirchen-Hassel. Von dort läuft man in 50 Minuten zur St.-Urbanus-Kirche in Buer.

Teuflisch lecker

Die Teufelskanzel bei Gerbershausen und ein geheimnisvolles Gasthaus

Nach dem Aufstieg zur Klause an der Teufelskanzel ist mir nach Kaffee und Kuchen. Es regnet und ist für den frühen Nachmittag zu dunkel. »Jetzt eine frische Waffel mit Eis und heißen Himbeeren«, denke ich, fürchte jedoch, dass ich in dieser düster wirkenden Hütte bestenfalls ein paar Tütenkekse ergattern kann. Dunst und Nieselregen machen das Wirtshaus bei Gerbershausen an der thüringisch-hessischen Grenze zu einem unwirtlichen Ort. Hier, wo der Teufel der Sage nach verschnaufte und einen gewaltigen Steinbrocken liegen ließ, könnte der Leibhaftige jeden Moment hinter einem Baum oder Fels hervortreten und es würde mich nicht überraschen. Drei Lampen baumeln vor der dunklen Schenke.

Vorsichtig geht die Hand zur Türklinke, es ist offen. Innen empfängt mich – kein Grauen. Urige Gemütlichkeit ist es, eine freundliche Bedienung und dies: »Was Süßes möchten Sie? Heute hätten wir frische Waffeln mit Eis und hei-

An einem nasskalten Herbsttag wirkt die Gaststätte an der Teufelskanzel mystisch

ßen Himbeeren.« Kein Quatsch, ich bin bisher noch nie hier gewesen und jetzt sprachlos. Die Waffel ist verteufelt lecker, doch anstatt mit meiner Seele zahle ich mit barer Münze. Also kann der Böse, der ewige Verführer, nicht im Spiel sein.

Luzifer soll draußen vor der Tür weiter sein Unwesen treiben. Eine Harzsage erzählt, dass der Teufel auf dem Brocken vor den Hexen geprahlt habe, was für ein strammer Kerl er sei. Die aufgekratzten Weiber hielten ihn für einen Aufschneider und wetteten, er könne einen richtig dicken Stein nicht vom Brocken zum Meißner, der heute Hoher Meißner heißt, tragen. »Kann ich wohl!«, sprach der Gottseibeiuns, packte die Klamotte und hob sich in die Lüfte davon. Doch bei Burg Hanstein, unweit des Ziels, ließen seine Kräfte merklich nach. Nur kurz absetzen und verschnaufen wollte er. Doch kaum hatte er den Stein abgesetzt und sich niedergelegt, war er schon eingeschlafen.

Die Teufelskanzel über der Werra-Schleife

Die Hexen hatten den Teufel beobachten lassen, und wie sie ihn schlafend auf der Kuppe hoch über der Werra fanden, weckten sie ihn und zogen ihn auf. Vor Wut stampfte der Böse mit seinem Huf auf und flog davon. In einer anderen Variante der Sage soll er die gehässigen Weiber noch zerfetzt haben, ehe er abflog.

Den Hufabdruck bei Lindewerra unterhalb der Teufelskanzel kann man heute noch sehen. Weil die Werra nicht mit dem Bösen in Berührung kommen wollte, bog sie ihr Flussbett um den Hufabdruck herum. Die Werraschleife sieht fürwahr wie ein riesiger Hufabdruck aus.

Der Stein, der es nicht zum Meißner schaffte, heißt »Die Teufelskanzel«. Ein Schriftsteller meinte, dem lieblichen Dörfchen Lindewerra den Namen »Schelmenrode« verpassen zu müssen. Schließlich predige hier der Teufel und nicht der Pfarrer von der Kanzel.

Info **40**

Die **Teufelskanzel** und die **Gaststätte** sind am Rothenbach 142 in Gerbershausen, Landkreis Eichsfeld.

Wo Manfred Krug ein Wilddieb war

Die Teufelsmühle bei Glashütte im Erzgebirge

Möglich, dass der echte Stülpner Karl (1762–1841) auch einmal im Lockwitztal südlich von Dresden gewesen ist. Der Soldat, Wilderer und Lebenskünstler war viel unterwegs in deutschen Landen. Sicher ist, dass der »Robin Hood des Erzgebirges« in Gestalt des Schauspielers Manfred Krug (1937–2016) in diesem lauschigen Tal am Fuß des 476 Meter hohen Wilischberges war. Im Jahr 1970 drehte das DDR-Fernsehen dort den Mehrteiler »Stülper Legende«. Drehort war die Teufelsmühle in Hausdorf, heute ein Ortsteil von Glashütte im östlichen Erzgebirge in Sachsen.

Um die Mühle für die Dreharbeiten in die Zeit des Stülpner Karls zu versetzen, mussten einige Bauten vorübergehend verändert werden. Das Lockwitztal blieb für die Dauer der Fernsehaufnahmen über mehrere Wochen blockiert. Zu dieser Zeit stand die Teufelsmühle noch. Ihre erste Erwähnung geht auf das Jahr 1456 zurück, da hieß sie »Mühle im Grunde«. Später tauchte der Name »Merkens Mühle« auf.

Dass der Leibhaftige ins Spiel kam, rührt offenbar aus der Sagenwelt her. Eine Mär erzählt von einem Müller, dem ein Wolkenbruch »das Wehr mitsamt dem Mühlenrad zerschlagen« hatte. Wie er traurig in sich gesunken darüber sinnierte und keine Lösung für sein Schicksal fand, erschien Satan und bot Hilfe an. Bis zum ersten Hahnenschrei richte er das kaputte Gerät, wenn ihm der Müller dafür dessen Tochter gebe. Warum auch immer Menschen früher weniger wert waren als Arbeitsmittel: Der Müller schlug ein. Doch war der Teufel nicht schnell genug: Als der Hahn krähte, fehlten drei Steine. Diese Lücke am Wehr sehe man heute, heißt es in der Sage.

Eine andere Geschichte erzählt von einer schrecklichen Zauberin, die am Fuß des Wilischberges, im Teufelsgrund, in einer Mühle gelebt haben soll. Jene Mühle habe der Teufel gebaut und die Zauberin habe sie von ihm gepachtet. Der Name Teufelsmühle rührt womöglich tatsächlich von einem Pächter her: Er hieß Teuffel.

Nur vom Mahlen des Getreides konnte der Müller seine Familie nicht ernähren. Er besaß das Schankrecht, konnte sich also mit einer Gastwirtschaft noch etwas dazu verdienen. Die Mühle soll noch bis 1932 in Betrieb gewesen sein. Gebäude und Technik verfielen jedoch mit der Zeit so sehr, dass man das Gebäude im Jahr 1972 abriss, also eine Weile nach dem Ende der Dreharbeiten für den Fernseh-Mehrteiler.

Die Teufelsmühle auf einer Ansichtskarte, um 1920

Die Gastwirtschaft daneben lief indes weiter und erfuhr 1988 eine gründliche Renovierung. In der Gaststätte »Teufelsmühle am Wilisch« ist man auch heute ein gern gesehener Gast. Wer dort einkehrt, sollte nicht gerade von Räubern überfallen und seiner Barschaften beraubt worden sein. Im Restaurant, informiert das Gasthaus seine Besucher, »ist Kartenzahlung nicht möglich«. Man muss ja nicht jeden Teufelskram mitmachen.

Info **41**

Das **Gasthaus »Teufelsmühle am Wilisch«** befindet sich in Teufelsmühle 1 in Glashütte, Ortsteil Hausdorf, Landkreis Sächsische Schweiz-Osterzgebirge.

Teufels Werk im heiligen Haus

Als in Goslar zwei geistliche Würdenträger in der Kirche aufeinander einschlugen

Es war im Mittelalter überaus wichtig, im Gottesdienst möglichst nah an den höchsten sakralen und weltlichen Würdenträgern zu sitzen. Dabei galt es weniger, Eitelkeiten zu befriedigen, es ging um bare Münze, um Macht und Reichtum. Je näher einer saß, desto mehr hatte er zu sagen, desto mehr besaß er, desto mehr Recht hatte er. Das führte hier und da zu »Sesselstreitigkeiten«, die allerdings zumeist mit Worten ausgefochten wurden. Bis zum »Goslarer Blutpfingsten« im Frühjahr 1063.

Am Samstag vor Pfingsten, dem 17. Juni 1063, brach im Dom der Rangstreit zwischen Abt Widerad von Fulda und Bischof Hezilo von Hildesheim wieder aus. Schon an Weihnachten 1062 hatten sie sich darüber in die Haare bekommen, wer in diesem Gotteshaus möglichst dicht neben dem Erzbischof von Mainz sitzen dürfe. Der Streit geriet zum Handgemenge, der Herzog von Bayern ging dazwischen und entschied den Rangstreit zugunsten des Abtes aus Fulda.

Dieser Teil ist vom Goslarer Dom übrig geblieben

Beim Vespergottesdienst an Pfingsten jedoch ging es um mehr. Der 13-jährige König Heinrich IV. wohnte der Feier bei. Diesmal erhoffte sich Bischof Hezilo bessere Chancen, doch rechnete er damit, dass sein Widersacher aus Fulda auf seiner Position beharren würde. Deshalb sorgte der Bischof vor und brachte hinter dem Altar bewaffnete Männer in Stellung. Als diese vernahmen, dass der Streit wieder entbrannte, sprangen sie hervor und trieben den Abt und seine Männer mit Knüppeln aus der Kirche. Die wiederum besorgten sich Waffen und kehrten in das Heilige Haus zurück. Es kam zum Blutbad.

Ob am Ende Dutzende Männer in der Kirche getötet wurden, wie manche Autoren meinen, oder nur einige wenige, wird sich wahrscheinlich nie klären lassen und ist im Grunde auch egal. Am Tage danach untersuchte man den Vorfall. Der junge König führte die Verhandlung und sprach den Abt aus Fulda schuldig. Er allein habe das Blutbad zu verantworten. Seiner Amtsenthebung konnte der Abt nur entgehen, weil er sich von der Anklage freikaufte. Das mochte ihn für den Moment gerettet haben, aber nicht für die Ewigkeit. Die Annalen tragen die Geschichte weiter und die Dichtung hat das Ihre beigetragen.

Säule im Dom-Fragment

Im Deutschen Sagenbuch von Ludwig Bechstein findet sich die Sage vom »Teufelsloch zu Goslar«. Da floss das Blut nicht nur zur Tür auf den Kirchhof hinaus. Es heißt auch, der Teufel persönlich sei zugegen gewesen und habe die Bewaffneten tüchtig angefeuert. Er soll sich ein Loch in die Mauer geschlagen haben, aus dem heraus er das Gemetzel beobachten konnte. Versuche, das Loch zuzumauern, seien stets misslungen. Noch später, zwischen 1819 und 1822, ging ein Handwerker gründlicher vor. Er hatte die Kirche ersteigert, brach sie nahezu ab und nutzte das Baumaterial anderweitig. Nur ein Portal ist übrig geblieben.

Info **42**

Der Rest des **Doms** steht in der Kaiserbleek 2–3 in Goslar nahe der Kaiserpfalz.

Der Berg ruft

Durch die Höllentalklamm zur Zugspitze

Wer durch die Hölle in den Himmel will, muss verdammt früh raus. Um 4 Uhr zum Beispiel. Die Ausrüstung und Verpflegung noch einmal geprüft, und die Tour kann beginnen. Der Parkplatz in Hammersbach in Grainau bei Garmisch-Partenkirchen, ist ein beliebter Startort für wackere Wanderer und Kletterer, die Deutschland einmal aufs Dach steigen wollen. Zu Fuß auf die Zugspitze ist gewiss kein leichtes, aber ein lohnendes Ziel.

Deutschlands Spitze ragt 2962 Meter in die Höhe. Ansichtskarten aus dem frühen 20. Jahrhundert zeigen, dass diese Wander- und Klettertour schon damals sehr begehrt war. Zwischen 1902 und 1905 wurde die Höllentalklamm für Besucher erschlossen. Touristen können diese Bergpartie heutzutage allerdings nur zwischen Mai und Oktober genießen, denn bei Eis und Schnee wird der Aufstieg zu gefährlich. Dann bleibt die Klamm geschlossen.

Start ist in Hammersbach bei 758 Metern über dem Meeresspiegel. Bis zur Höllental-Eingangshütte auf 1045 Metern führt ein breiter Schotterweg stetig bergauf. Gut eine Stunde dauert dieser erste Abschnitt. An der Hütte kann man

Der Eingang zur Höllentalklamm auf einer Ansichtskarte von 1909

noch einmal verschnaufen, sich stärken, tief Luft holen – und Maut zahlen. Will man durch das Drehkreuz weiter in Richtung Zugspitze, muss man vier Euro Eintritt (2017) zahlen. Wer ahnt, welchen Aufwand der Alpenverein jährlich betreibt, um den Weg immer wieder herzurichten, fragt sich, warum der Eintritt so gering ausfällt.

Durch ein System schmaler Gänge und Tunnel führt der Pfad voran. Manche Stellen sind schwach beleuchtet, eine Taschenlampe kann Gold wert sein. Der Weg ist nass, das Wasser des wilden Hammerbaches bleibt nicht in seinem Bett. In der Höllentalklamm muss der Wanderer höllisch aufpassen, dass er nicht daneben tritt. Aufpassen schon deshalb, weil Staunen und Wandern gleichzeitig ein Fehler sein kann.

Durchs Höllental zur Zugspitze, hier um 1930

Der Weg zwischen den engen Felswänden mit dem brüllenden Hammerbach ist ein schwer beschreibbares Naturerlebnis. Das Höllental mit seiner Klamm, diese gute Wegstunde bis auf 1165 Meter Höhe, ist es allein schon wert, gegangen zu werden.

Man kann sich bestens vorstellen, wie sich die Erde hier in sagenhafter Vorzeit geöffnet hat, um einen Hirsch zu retten. Eine Sage erzählt, dass ein Graf aus Hammerbach diesem Tier nachstellte, das unter dem Schutz einer Fee stand. Als der Waidmann feuerte, tat sich der Boden auf, der Jäger stürzte in die Hölle, der Hirsch war gerettet – »und Bayern um eine Besucherattraktion reicher«, notierte die Münchner Abendzeitung im Juli 2013.

Der Ausgang der Klamm liegt bei 1165 Metern. Mit der Zugspitze im Blick geht es weiter bergauf. Die Höllentalangerhütte auf 1387 Metern ist nach einer weiteren halben Stunde erreicht – höchste Zeit für Speis und Trank. Hier trennen sich die Wege: Die Trainierten spucken in die Hände, sie wollen bald das Gipfelkreuz berühren. Die anderen, vielleicht auch mit Kindern unterwegs, drehen um und sind in zwei Stunden wieder am Parkplatz.

Info **43**

Der **Weg nach Hammersbach** ist in Grainau, Landkreis Barmisch-Partenkirchen, ausgeschildert.

Höllisch schön gelungen

Die Teufelsmühle in Ilbeshausen im Vogelsberg

Das Haus ist einfach zu schön, um wahr zu sein. Im Jahr 1904 kam die »Teufelsmühle« in Ilbeshausen im Vogelsberg auf die hessische Denkmalliste. »Das konnte nur das Werk eines Teufels sein«, hieß es im Mai 2014 in einem Beitrag in der FAZ, »ein Fachwerkgebäude, so kunstvoll gefügt, dass dort der Leibhaftige menschlichen Hochmut in die Schranken gewiesen haben muss. Wer sonst hätte auch so eine außerordentlich reich und komplex ausgearbeitete Folge an hölzernen Rauten, Kreis- oder Andreaskreuzmotiven schaffen können, wenn nicht ein Baumeister mit übernatürlichen Fähigkeiten, zumal dort in einem abgelegenen Winkel des nordöstlichen Vogelsbergs«. Der Autor schwärmte nicht von ungefähr. Erst kurz zuvor war das markante Bauwerk, eines der bedeutendsten Fachwerkgebäude Hessens, frisch saniert worden.

Die heutige Mühle stammt aus dem Jahr 1691. Der Nachweis einer Mühle in Ilbeshausen reicht allerdings knapp 200 Jahre weiter in die Vergangenheit zurück. Etwas später, Anfang 1530, wurde die Mühle einem Claes Tuveln zuge-

Die Teufelsmühle mit dem offenen Fenster im Giebel

sprochen. Man nimmt an, dass dieser Tuveln Namensgeber der Mühle war. Aus »Tuveln« wurde »Düwel« wurde »Teufel« – das könnte durchaus passen.

Doch im Vogelsberger Sagenbuch stößt man auf eine andere Herkunft des Namens. Demnach wollte sich der Hausbesitzer mit dem Bösen messen, wer den schöneren Giebel an der Mühle bauen könne. Im Handumdrehen hatte Luzifer den unteren Teil der Wand in herrlichster Weise ausgeführt, derweil das Menschlein am oberen Teil noch herumfuhrwerkte und nichts Ordentliches zu Wege brachte. Der Mann bezahlte seinen Hochmut mit dem Leben, denn der Gottseibeiuns packte ihn und zerriss ihn in der Luft. Ganz oben im Giebel sieht man aber heute noch ein Wandgefach, das von außen einem Fenster ähnelt. Es heißt, dass hier der Böse ein- und ausgehen kann. Des Öfteren habe man es zugemauert, doch jedes Mal sei das Wandgefach am nächsten Morgen wieder offen gewesen.

Der Teufelstisch am Wanderweg

Wem das noch nicht diabolisch genug ist, der schnürt die Wanderstiefel und macht sich auf eine gut etwa vier Kilometer lange Tour durch den schönen Vogelsberg. Am Wegesrand stößt man auf die Teufelskanzel, auf der Satan einst gepredigt haben soll. Weit interessanter erzählt sich die Geschichte, die die Vogelsberger dem Teufelstisch zugedacht haben, einem flachen, ungefähr drei Meter breiten Stein mit einem seltsamen Loch auf der Oberfläche. Hier sollen Bauern aus Ilbeshausen mit dem Teufel Karten gespielt haben. Erst dachten die Menschen, sie zögen Luzifer das Fell über die Ohren. Doch das Blatt wendete sich und der Teufel gewann ein Spiel nach dem anderen. Am Ende hatte er die Bauern um Haus und Hof gebracht. Da erst bemerkten sie, wer sie bezwungen hatte. Vor Wut schlug einer von ihnen auf die Steinplatte – und hinterließ ein Loch. Wer es denn glauben will.

Info **44**

Die **Teufelsmühle** befindet sich im Mühlweg in Grebenhain-Ilbeshausen, Landkreis Vogelsbergkreis. Die Wandertour R 4 beginnt und endet am Parkplatz an der Hindenburgstraße.

Der Meister der Verführung

Wie die Halberstädter den Teufel linkten, der aber ein Denkmal bekam

Die Position erinnert schwer an Yoga. Die Gestalt sitzt auf einer Stele, die Beine legen sich galant darum. Sie streckt die Arme über Kreuz und reicht dem Betrachter zwei Dinge. In der linken Hand, die nach rechts reicht, liegt ein Becher, in der rechten, die nach links geht, eine kleine Kirche. Die Miene ist freundlich, und nur die kleinen Teufelshörner an der Stirn verraten, dass hier der ewige Spieler seine Kameraden sucht. »Die Verführung« heißt die Bronzeskulptur, die Bernd Göbel zwischen 1996 und 1998 für Halberstadt am Nordostharz geschaffen hat.

Es ist eine faszinierende Interpretation einer alten Sage, die von der Entstehung des Halberstädter Domes erzählt. Und die geht so: Als das große Gotteshaus gebaut wurde, kam Luzifer des Wegs, und neugierig wie er war, fragte er den Baumeister, was das Bauwerk denn werde, wenn es fertig sei. »Das wird ein Wirtshaus«, erwiderte der Meister mit loser Zunge. Das freute den Teufel

Der große Platz vor dem Halberstädter Dom

sehr, denn in Wirtshäusern gewann er stets die Seelen der Trunkenbolde. Also sollten die Leute getrost weiterbauen, meinte er und zog beschwingt weiter.

Wie er später wieder einmal in Halberstadt zu tun hatte und einen Blick auf die Baustelle warf, kam ihm die Sache dann doch seltsam vor. Er hatte schon einige Gasthäuser gesehen, aber dieses sah gar nicht danach aus. Der Turm war schon weit in den Himmel gewachsen. Um sicher zu gehen, sah sich der Gottseibeiuns im Innern um, und nun war ihm klar, was hier wirklich in die Höhe wuchs.

»Die Verführung« von Bernd Göbel

Am nächsten Morgen sahen der Baumeister und die Arbeiter den Bösen hoch droben auf dem rechten Turm des Domes. Er stemmte einen dicken Stein in die Höhe und spie Gift und Galle auf die Bauleute. »Gelogen habt ihr«, schrie er hinab, »das wird eine Kirche und kein Wirtshaus.« Eben wollte er den Fels auf das Kirchenschiff schleudern und das gottgefällige Werk zerschmettern, da rief der Baumeister empor: »Das Wirtshaus kommt doch noch, und zwar gleich nebenan.« Der Dunkle stutzte, dabei rutschte ihm der Findling aus den Händen und fiel neben die Kirche. Schaden richtete der Brocken nicht an. Am Dom liegt der dicke Stein immer noch und trägt den Namen Lügenstein.

Wer aber hinschaut, erkennt, dass dies kein gewöhnlicher Stein ist, den die Eiszeit aus Skandinavien hergeschoben hat. Eine schalenförmige Vertiefung ist in grauer Vorzeit von Menschenhand in den Fels geschlagen worden, ein Hinweis auf eine Funktion als Opferstein einer vorchristlichen Religion. Als erwiesen gilt in Halberstadt, dass der Stein schon an der Stelle lag, bevor Kaiser Karl der Große im Jahre 804 überhaupt das Bistum gründete.

Info **45**

Das **Denkmal** steht in der Straße Hinter dem Richthause in Halberstadt, Landkreis Harz. Der **Dom** mit dem Lügenstein ist nicht weit davon entfernt.

Verdammt in alle Ewigkeit

Die Teufelsküche bei Haldensleben

Die Frau an der Tankstellenkasse schüttelt den Kopf. »Was soll hier sein?« Nein, von einem Großsteingrab oder einer Teufelsküche hat sie noch nicht gehört. Also wieder raus auf die Straße. »Warten Sie«, ruft ein Mann, der genüsslich eine Bockwurst verdrückt, »das ist nicht weit.« Nach der Irrfahrt durch die Außenbereiche von Haldensleben endlich ein Lichtblick. »Lassen Sie das Auto stehen und gehen Sie ein paar Hundert Meter aus dem Ort heraus in Richtung des Restaurants ›Alte Ziegelei‹. Dann führt rechts ein Weg in den Wald hinein. Sie können es nicht verfehlen.« Danke, guter Mann.

Also los, die Bundesstraße 245 entlang aus Haldensleben heraus. Nach einem guten halben Kilometer auf dem Rad- und Gehweg zweigt wirklich ein Weg in den Wald ab. Nach ein paar Schritten liegt sie linkerhand im Wald, die Teufelsküche. Ein bemerkenswertes Werk menschlicher Arbeit aus grauer Vorzeit, aus dem Neolithikum, um 3500 bis 3000 vor Christus.

Die Teufelsküche ist ein Großsteingrab. Auf acht Tragsteinen ruhen zwei Decksteine – eine Megalithanlage, wie sie im Buche steht, auch wenn sich an

Die Teufelsküche, hier um 1970, gehört zu den Sehenswürdigkeiten von Haldensleben

der Bundesstraße kein Hinweisschild findet. Die Teufelsküche will eben entdeckt werden. »Das Steingrab ist in Ost/West-Richtung angelegt, genau in der Mitte befindet sich ein radiästhetischer Kreuzungspunkt, ein Kennzeichen einer jeden früh- und vorgeschichtlichen Grabanlage«, schreibt Gernot L. Geise in einem Beitrag über »Frühgeschichtliche Objekte in Sachsen-Anhalt«. Der Grabhügel erhebt sich etwa einen Meter über das umliegende Waldgebiet und hat einen Durchmesser von rund 20 Metern.

Das Großsteingrab bei Haldensleben

Von diesen Großsteingräbern gibt es bei Haldensleben, in der Nähe von Magdeburg, eine ganze Menge. Auf einer Fläche von 20 Quadratkilometern im Haldenslebener Forst haben Wissenschaftler 85 Megalithanlagen ausgemacht. Hinzu kommen allein im gleichen Gebiet 48 Großsteingräber, die im 19. Jahrhundert zerstört wurden. Mehr Megalithanlagen auf so engem Raum gibt es nirgendwo in Europa. Dies muss einst ein sehr bedeutender Ort gewesen sein.

Für den Namen »Teufelsküche« seien die Christen verantwortlich, heißt es in einer lokalen Chronik. Demnach spricht man der Stelle eine religiöse Funktion zu. Priester sollen hier einst Opfer gebracht haben. »Zu Ehren Wotans oder eines anderen heidnischen Gottes wurde das Tier geopfert und der Priester weissagte die Zukunft«, steht in der lokalen Schrift aus dem frühen 20. Jahrhundert geschrieben. In dieser Zeit war es modern, alles Vorchristliche mit dem sogenannten Germanentum zu verbinden. Dass über Jahrhunderte die Slawen mit ihren Göttern das Glauben und Denken bestimmten, spielt da keine Rolle mehr.

Jedenfalls sollen es die Christen gewesen sein, die diesen Ort bannten, indem sie ihn mit dem Bösen belegten. Was den Menschen dereinst heilig war, galt nun als finstere Stelle, als Wohnplatz des Satans. So hat jede Zeit ihre Sicht auf die Dinge.

Info **46**

Die **»Teufelsküche«** liegt an Bundesstraße 245 zwischen der Tankstelle am Ortsausgang von Haldensleben, Landkreis Börde, und der Gaststätte »Alte Ziegelei«.

»Des Teufels Intendant«

Gustaf Gründgens im Spiel mit dem Bösen

Sein Gesicht hat das Bild vom Teufel in Deutschland über Jahrzehnte geprägt. Wie kein zweiter Schauspieler war Gustaf Gründgens (1899–1963) mit der Rolle des Mephisto verwoben. Mehr noch: Gründgens beließ es nicht beim Spiel für Theater und Film. Er überschritt die Schwelle zur Wirklichkeit und ließ sich auf das wahre Spiel mit dem Bösen ein. Er war »Des Teufels Intendant«, wie die Welt 2013 angesichts einer neu erschienenen Biografie über den bedeutenden Schauspieler titelte. Aber immer der Reihe nach.

Früh kam Gründgens ans Theater, spielte in Düsseldorf, Halberstadt, Kiel und anderswo. Zwischen 1923 und 1928 soll er bereits in 60 verschiedenen Rollen auf der Bühne gestanden haben. »Er wurde bevorzugt dazu ausgewählt, Schurken, Erpresser, Hochstapler oder psychisch labile Personen zu spielen«, liest man über Gründgens. »Und das tat er wohl ganz ausgezeichnet.«

Der große Durchbruch kam, als der Regisseur Max Reinhardt ihn nach Berlin einlud. Unter Reinhardt gab Gründgens zum ersten Mal die Rolle seines Lebens – den Teufel in Goethes »Faust«.

Gründgens als Mephisto – der Teufel war die Rolle seines Lebens

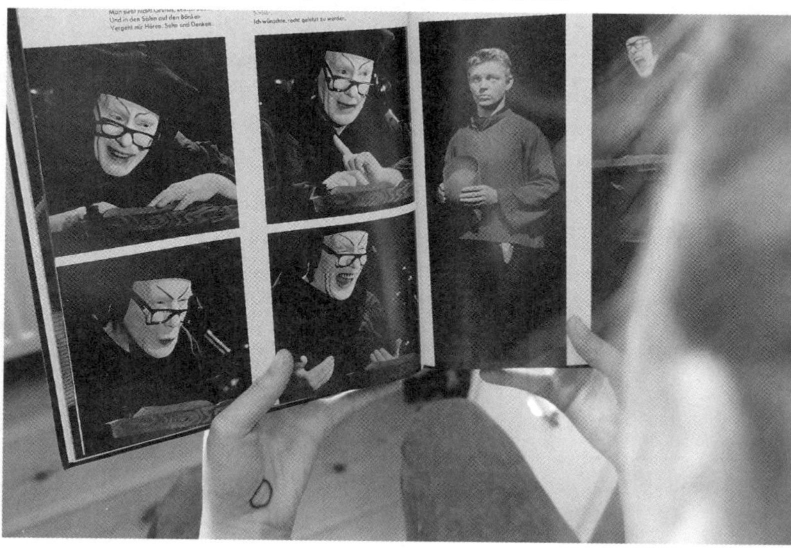

1957 kam er als Intendant an das Hamburger Schauspielhaus. Bis dahin hatte Gründgens den Mephisto bereits 600 Mal gespielt. Doch erst mithilfe des Films trug Gründgens seine Interpretation des Bösen schließlich in das ganze Land hinein – obwohl er sich dagegen gewehrt hatte. Erst 1960 ließ er sich auf die Verfilmung des Theaterstückes ein. Dabei hatte er nicht bloß seine Rolle, sondern auch die künstlerische Oberleitung im Griff. Gründgens prägte diesen bedeutenden Film ganz maßgeblich.

Grab auf dem Ohlsdorfer Friedhof

Dass er in der Nazi-Zeit die Nähe zu Größen wie Hermann Göring und Josef Goebbels überhaupt nicht gescheut, sondern teils sogar gesucht hat, ist bis heute nicht vollständig untersucht und bewertet worden. Thomas Mann, kurzzeitig Gründgens Schwiegervater, hielt ihm dies als Makel vor. Es gibt aber auch Schauspieler und andere Leute, die von einem Gründgens sprechen, der sie in dieser schwarzen Zeit vor Schlimmerem bewahrt und sich für sie eingesetzt habe. Sein Biograf, der Theaterwissenschaftler Thomas Blubacher, zeichnet ein vielschichtiges Bild von einem Mann, der die Nazi-Tölpel verachtete, aber die Wohltaten, die sie ihm angedeihen ließen, in vollen Zügen genoss.

Lange Zeit wurde das Bild, das man in Deutschland von Gründgens hatte, definiert von der Sicht des enttäuschten Klaus Mann und seinem 1936 erschienenen Buch »Mephisto«. Gründgens Ehe mit Erika Mann hatte nur drei Jahre gehalten, ehe sie 1929 in die Brüche ging. Darüber zerbrach auch die innige Beziehung zu Klaus Mann. Dieser charakterisiert seinen Mephisto als einen »Affen der Macht«, einen »Clown zur Zerstreuung der Mörder«.

Nur wenige Jahre nach der legendären »Faust«-Verfilmung starb Gustav Gründgens unter mysteriösen Umständen. Im Sommer 1963 gab er überraschend die Leitung des Deutschen Schauspielhauses in Hamburg ab und ging auf Weltreise. In der Nacht zum 7. Oktober 1963 starb er in Manila an einer Magenblutung, ausgelöst durch eine Überdosis Schlaftabletten. Ob es Unfall oder Selbstmord war, weiß niemand.

Info **47**

Das **Grab von Gustaf Gründgens** liegt auf dem Friedhof Ohlsdorf in der Fuhlsbüttler Straße 756 in Hamburg, in der Nähe des Haupteinganges.

Der Böse, der um Gnade fleht

Die Engel-Teufel-Skulptur am Hamburger Michel

Soll der Erzengel zustechen, soll er Satan den Todesstoß versetzen? Oder soll er Gnade walten lassen? Mit erhobener Lanze steht St. Michael über dem Teufel, den linken Fuß auf dessen kahlem Schädel. Beide, Sieger wie Besiegter, schauen zu der Frau, die daneben kniet. Sie hält ein kleines Kind im rechten Arm, ein zweites drängt sich an ihren Schoss. Die Entscheidung liegt bei ihr. In den Augen des Teufels liegt die Bitte um Gnade, in denen des Engels Entschlossenheit. Die Szene findet man über dem Portal der St.-Michaelis-Kirche in Hamburg, vor mehr als 100 Jahren in Bronze gegossen.

Geschaffen hat die Skulpturengruppe August Vogel (1859–1932) im Auftrag der Kirchengemeinde. Das Gotteshaus, in Deutschland als Hamburger Wahrzeichen »Der Michel« bekannt, war am 3. Juli 1906 abgebrannt. Wieder einmal. In den ersten Michel war 1750 der Blitz eingeschlagen, 1906 verursachten unvorsichtige Handwerker das Feuer. Mit dem Neubau, der im Oktober 1912 feierlich eröffnet worden ist, bekam das Gotteshaus den Erzengel über den Eingang gesetzt.

Im Kampf Gut gegen Böse hat es der wehrhafte Engel in der Regel mit einem Drachen zu tun, der das Maul aufreißt. Der Lindwurm ist dabei freilich nichts als der Teufel in Tiergestalt. August Vogel dagegen holt den Bösen direkt in die Bilderwelt der Gegenwart zurück. Satan soll, auch wenn er drachenartige Flügel auf dem Rücken hat, getrost als Satan zu erkennen sein. Und dies auch noch aus einigem Abstand. Die Skulptur ist zwölf Meter hoch, die aufgespannten Flügel des Engels sind sieben Meter breit.

Der Künstler überlässt es dem Betrachter, die Szene weiterzuerzählen. Gewiss ist Michael, der Beschützer, der Stärkere. Doch er führt seinen Kampf nicht zu Ende. Noch kann der Böse dem Bezwinger entkommen, noch ahnt man Kraft in seinem Körper, mit einem Sprung zur Flucht bereit. Man kann in die Gesichter der Figuren hineininterpretieren, was man will – falsch ist es nicht, sondern stets eine sehr persönliche Sicht auf den Kampf, die Gerechtigkeit, die Gnade, die ewige Lüge, die Konsequenz.

Der erste Michel wurde von 1647 bis 1669 in der Hamburger Neustadt errichtet. Nach dem Blitzeinschlag im Jahr 1750 und der völligen Zerstörung der Kirche begann bereits im Jahr danach der Neubau, der bis 1762 dauerte. Der Aufbau des dritten Michel ging vergleichsweise zügig. Während des Zweiten Weltkrieges wurde die Kirche zweimal getroffen. Die Schäden waren schwer,

Der Drache mit dem Menschenkopf

1750 schlug der Blitz in die Kirche ein

aber reparabel. Nach und nach wurden sie behoben. Heute heißt es, St. Michael gelte als »bedeutendste Barockkirche Norddeutschlands«. Wer unter dem Teufel hindurch eintritt, erlebt ein überwältigendes Raumgefühl. Drinnen öffnet sich eine Halle, die man von außen nicht erahnt.

Info **48**

Die **St. Michaelis-Kirche** liegt an der Englischen Planke 1 in Hamburg.

Wo Satan mit Störtebeker Zwiesprache hielt

Die Teufelsbrücke an der Hamburger Elbchaussee

Egal, was die Leute reden, irgendetwas Wahres ist doch immer dran. In jeder Sage, mag sie noch so abstrus sein, stecke ein wahrer Kern, heißt es. Manche ziehen sich geschickt aus der Affäre, zum Beispiel in Hamburg, wenn es um die »Teufelsbrücke« geht. Diesen Ort gibt es an der Elbchaussee tatsächlich. Es ist ein Platz und ein Steg, der als Anleger für Elbfähren auf die Elbe ragt. Auf dieser Brücke, heißt es in den »Hanseatischen Sagen« von Lutz Mackensen, erschienen 1928, habe sich des Öfteren der Teufel gezeigt. »Wat he dor mokt hett, weet de Lüd nu ne mihr«, liest man auf Platt. Die Leute wissen also nicht mehr, was der Böse dort getrieben haben mag.

In einem anderen Sagenbuch findet sich eine Erklärung. So soll Luzifer beim Bau der Brücke geholfen haben. Und auch dies: Als die Hamburger Kaufleute den Seeräuber Klaus Störtebeker gefangen hatten und auf der Elbe nach Hamburg brachten, um ihm den Prozess zu machen, soll Satan auf der Brücke ge-

Störtebeker-Denkmal in der Hafencity am Störtebeker-Ufer

standen haben. Er habe Störtebeker irgendetwas zugerufen, »und Störtebeker hat ihm geantwortet«, schließt diese Episode aus dem Hamburger Störtebeker-Sagenschatz.

Für die Handelsleute war Störtebeker wie der Leibhaftige selbst. Um 1360 wurde er in Norddeutschland geboren. Etwa 40 Jahre alt war er, ehe man ihn schnappte und nach Hamburg brachte. Auf dem Grasbrook soll er im Jahre 1401 hingerichtet worden sein. Als man beim Bau der Speicherstadt 1878 den Schädel eines Mannes fand, der um 1400 geköpft worden war, war man sich sicher, Störtebekers Kopf in den Händen zu halten. Mögen Historiker auch vom Schädel eines namenlosen Piraten sprechen – »de Lüd« sehen ganz klar ein Stück Störtebeker vor sich, wenn sie den Schädel im Museum für Hamburgische Geschichte bestaunen. An der Osakaallee markiert ein Störtebeker-Denkmal den ungefähren Richtplatz.

Gartenlokal am Anleger »Teufelsbrücke«, um 1915

Was wahr ist an den zahlreichen Störtebeker-Geschichten, das weiß niemand. Manche sehen in ihm einen brutalen Räuber, anderen ist er ein Robin Hood des Meeres. Mindestens ebenso legendenbildend aber war, dass der kraftvolle Bursche, der er war, saufen konnte wie ein Ochse. Weil Störtebeker einen Vier-Liter-Becher voll Bier oder Wein in einem Zuge leer soff, war er fortan »Klaus, der den Becher stürzt«.

Wer weiß, was Historiker eines Tages über den Piraten herausfinden und was dann von der Legende übrig bleibt. Vielleicht ist die Erkenntnis ähnlich ernüchternd wie bei der Teufelsbrücke, deren Geheimnis wenig teuflisch ist. Denn wo der Bach Flottbek in die Elbe mündet, soll es früher zwei Brücken gegeben haben. Das Hamburger Abendblatt schrieb 2006: »Aus der ›dövelten‹, also ›doppelten‹ Brücke wurde die Düvelsbrück.«

Info **49**

Der **Fähranleger Teufelsbrück** liegt an der Elbchaussee an der Grenze zwischen Othmarschen und Nienstedten in Hamburg.

Die Wohltat des Schwefels

In Hannovers Stadtwald Eilenriede liegt das Teufelsbad

Die Eilenriede ist für Hannoveraner die grüne Lunge. Der Stadtwald erstreckt sich mitten in der Stadt in Nord-Süd-Richtung, von zwei großen Straßen in zwei Teile geschnitten, über 650 Hektar. Egal zu welcher Jahreszeit, immer sieht man Spaziergänger, Dauerläufer, Kinderwagenschieber oder Pärchen auf den zahllosen Wegen. Wäre da nicht das ewige Verkehrsrauschen vom autobahnartigen Messeschnellweg, man würde sich abseits der Halb-Millionen-Stadt fühlen. Als Hannover noch durch und durch Arbeiterstadt war und an unglaublich vielen Stellen Schornsteine ihren Dreck ausstießen, hatte das Waldgebiet noch eine weitaus wichtigere Bedeutung als heute.

Im südlichen Teil der Eilenriede stößt der Spaziergänger auf einen kleinen Wasserlauf mit einem Tümpel, der von einer Bretterkonstruktion wie von einem Rahmen eingefasst ist: das Teufelsbad. Dass hier einmal Menschen gebadet haben, mag man sich heute schwer vorstellen, denn das Wasserloch erinnert eher

Das rekonstruierte Teufelsbad in der Eilenriede

an eine Suhle für die Schwarzkittel. Und doch: Der Tümpel war eine Badequelle, beliebt, weil sie schwefelhaltiges Wasser führte. Wo Schwefel ist, kann Luzifer nicht weit sein, dachten die Leute.

Steinblock über der Heiliger-Quelle

Dabei war der Ort ursprünglich gar nicht negativ belegt. Eigentlich heißt der Tümpel Kopper- oder Kupferloch. Das kupferbraune Quellwasser gab dem Gewässer den Namen. Wegen der Heilwirkung, die man diesem Wasser zusprach, tranken es die Hannoveraner und badeten darin. Der Botaniker Friedrich Erhardt (1742–1795) hatte die Quelle mit dem hohen Schwefelgehalt entdeckt. Hannovers Bürgermeister Heiliger ließ 1794 einen Steinblock über der Quelle errichten, weshalb man den Born nach dem Stadtoberhaupt benannte. Dass an dieser Stelle heute eher ein trauriges Rinnsal zwischen den Laubgehölzen dahinplätschert, ist eine Folge des gesunkenen Grundwasserspiegels.

Wann genau die Menschen die Badestelle anlegten, ist nicht gewiss. Man spricht allgemein vom 18. Jahrhundert. Das Becken ist gut einen halben Meter tief, etwas länger als fünf Meter und etwa vier Meter breit. Im 18. Jahrhundert war es achteckig mit Eichenbohlen eingefasst worden. Mit der Zeit geriet das Bad in Vergessenheit und war schließlich komplett mit Erde bedeckt.

Es wäre wohl für immer verschwunden geblieben, wären nicht im Jahr 1963 ein paar Waldarbeiter darüber gestolpert. Historiker nahmen die historische Badeanstalt unter die Lupe und belegten ihr Alter und die Verbindung zur Schwefelquelle. Dennoch dauerte es noch lange, bis man 1991 die Anlage fast originalgetreu rekonstruierte.

Info **50**

Das **Teufelsbad** in der Eilenriede erreicht man in Hannover-Kleefeld gut über die Herderstraße. Am Ende der Straße führt ein Waldweg nach gut 100 Metern direkt zu Heiligers Brunnen. Rechts davon liegt die alte Badestelle.

Der Lauscher an der Wand

Ein Horn des Teufels hat sich in den Hildesheimer Dom eingebrannt

Wer heimlich lauscht, soll keinem erzählen, woher er sein Wissen hat. In Hildesheim jedoch war Luzifer dumm genug, sich dabei erwischen zu lassen. Eine ewige Spur hat er auch noch hinterlassen – in Gestalt des Teufelshorns am Dom.

Tatsächlich entdeckt man an der westlichen Außenwand den Abdruck eines Horns. Nach unten gebogen, hebt sich die Zeichnung deutlich vom übrigen Gestein des Blockes ab. Dass es sich hierbei um eine Fehlfarbe im Gestein handelt, um ein Spiel der Natur, wie Geologen vermuten, mag ja wahrscheinlich sein. Allerdings sieht das Ding so unverwechselbar hornig aus, dass dem Betrachter eine andere Erklärung plausibler erscheint.

Eine führt zum Ursprung des Sprichwortes »Der Lauscher an der Wand hört seine eigene Schand'«. Der Sage nach predigte im Dom einst ein Mönch von den Tücken und Schlichen des Teufels. »Als das dem Teufel hinterbracht wurde, wollte er sich selbst überzeugen«, liest man in Karl Seiferts »Sagen, Märchen,

Der Hildesheimer Dom hat eine wechselvolle Geschichte erlebt

Schwänke und Gebräuche aus Stadt und Stift Hildesheim« von 1889. Der Böse kam und lehnte seinen Kopf neben dem Westportal an die Mauer, um ja alles genau zu hören. »Und hörte wie jeder Horcher an der Wand, seine eigene Schand‹«, notiert Seifert weiter. Wütend, dass der Mönch alle Tricks Satans preisgab, kochte der Teufel vor Wut. Sein glühendes Horn brannte sich der Sage nach in den Stein ein. Er stob zwar davon, doch »als Wahrzeichen seiner Spioniererei sitzt nun der Abdruck seines glühenden Horns noch heute in den Steinen«.

Das Teufelshorn an der Außenwand des Doms

Was auch immer diese Spur in dem großen Quader hinterließ, es war hart genug, das Höllenfeuer zu überstehen. Am 22. März 1945 ging ein Bombenhagel auf Hildesheim nieder und verwandelte neben vielen anderen Gebäuden in der Stadt die prachtvolle Kirche in eine dunkle Ruine.

Unweit des Doms soll der Böse ein weiteres Mal gewesen sein. Wie er sah, dass ein Priester an einem heißen Tag in die Domschenke trat, um sich am frischen Trunke zu laben, schlich er verkleidet hinterher. Der Priester erkannte den Teufel nicht und man schwatzte über dieses und jenes. Der Böse hoffte, den Kirchenmann abzufüllen und der Seele berauben zu können. Doch es kam anders. Nach der dritten Kanne des leckeren Weines ward dem Pater so wohl zumute, dass er »goldene Worte über die schöne Gottesgabe sprach und meinte, solch ein Trunk müsse doch selbst dem Bösen das Herz weich machen und zur Dankbarkeit gegen Gott wenden«, heißt es in Seiferts Sagenbuch von 1889.

»Ach«, sprach da der Teufel und seufzte, »hast recht, wenn ich noch länger trinke, so zerschmilzt mir dieser Wein meines Herzens eisernen Berg.« Da erst erkannte der Priester, mit wem er beisammen saß. Luzifer aber fuhr auf und durch das Fenster davon. Welcher Wein es war, der eher einen Teufel erweicht, als Trunkenbolde in die Hölle führt, das verrät die Sage nicht.

Info **51**

Das **Horn** ist an der Wand rechts neben dem Westportal des Doms zu finden, Domhof 17, Hildesheim.

Holz hält nicht ewig

Das Hirsch-Denkmal hoch über dem Höllental bei Hinterzarten

Der Weg ins Himmelreich führt durch die Hölle. Das hat der italienische Dichter Dante Alighieri (1265–1321) drastisch und anschaulich in seiner »Göttlichen Komödie« beschrieben. Und heute? Heute dauert die Tour 17 Minuten, ab Hauptbahnhof Freiburg im Breisgau. Wer das volle Programm will, fährt mit der Höllentalbahn durch das ganze Höllental. Das ist zwar nur neun Kilometer lang, aber ein teuflisch schöner Genuss, besonders für die Freunde der Eisenbahn.

Die Höllentalbahn verbindet Freiburg mit Hinterzarten, ist 25 Kilometer lang und muss bis zu 57 Grad Steigung überwinden. Am Bahnhof Hirschsprung geht es dermaßen steil hinauf, dass man einst zusätzliche Lokomotiven einsetzen musste, um den Zug voranzubringen. Eben dort, wo das Tal die engste Stelle hat und – der Sage nach – ein Hirsch um sein Leben sprang.

Ein Ritter der Burg Falkenstein wollte ihn erlegen. Getrieben von Todesangst, holte der Hirsch tief Luft, nahm Anlauf und setzte mit einem kühnen Sprung über die Schlucht. Auf der anderen Seite des Höllentals verschwand

Die Höllentalbahn muss bis zu 57 Grad Steigung überwinden

das stattliche Tier aus dem Blick des Ritters. Was daran wahr sein könnte? An der engsten Stelle der Schlucht liegen die Wände am Boden nur neun Meter auseinander, oben sind es ein paar Meter mehr. Nüchtern betrachtet fällt es schwer, sich einen Hirsch vorzustellen, der einen solchen Sprung schafft. Aber wer weiß schon, was der wahre Grund für diese Sage ist und ob nicht ein unfähiger Jägersmann sein Versagen hinter einer bemerkenswerten Geschichte versteckt hat. Und was zählt schon die Wahrheit? Die Sage war in der Welt und hat fürderhin den Menschen so gut gefallen, dass sie dem Hirsch ein Denkmal setzten. Als erste errichtete die Gemeinde Falkensteig einen Hirsch aus Holz. Anlass war die Hochzeit des badischen Großherzogs Friedrich und Louise von Preußen, Tochter des späteren deutschen Kaisers Wilhelm I., im September 1856. Das Abbild hielt offenbar nicht allzu lange. Gut 18 Jahre später ließ Forsttaxator Schilling einen neuen Hirsch aufstellen, anlässlich der ersten »Versammlung der deutschen Forstmänner« im nahen Freiburg. Diesem Monument setzte ein Sturm mächtig zu, also kam 1887 das dritte Modell auf den Felsen, das letzte aus Holz.

Das bronzene Hirsch-Denkmal, um 1920

Bis 1904 stand der Hirsch dort. Um etwas Dauerhaftes zu schaffen, sammelte man Spenden für ein Bronze-Denkmal. Nach drei Jahren war es soweit, der Hirsch kehrte auf den Felsen zurück, zweieinhalb Meter hoch ist die Statue und gut 350 Kilo schwer. Dank einer Sanierung im Sommer 2010 schaut der Hirsch auch heute noch ins Höllental und den Zügen hinterher.

Info **52**

Das **Denkmal** steht in Hinterzarten, Landkreis Breisgau-Hochschwarzwald. Die Fahrt mit der Höllentalbahn kann man Hauptbahnhof in Freiburg im Breisgau beginnen.

Keine Ruhe vor den Christen

Was der Wackelstein der Externsteine mit dem Teufel zu tun hat

Manchmal ist an den Externsteinen die Hölle los. »Noch heute erinnern die Feste zur Sommersonnenwende und die Walpurgisnacht alljährlich an die Mystik des Mittelalters. Neben Esoterikern trifft man dort auf (selbsternannte) Hexen, Druiden, keltische und germanische Glaubensgemeinschaften, die gemeinsam feiern«, liest man auf Teutoburgerwald.de und staunt. Diese seltsame Sandstein-Felsformation im Nordosten Westfalens inspiriert ganz offensichtlich alle möglichen Menschen zu allen möglichen Sachen. Und da darf natürlich Luzifer nicht fehlen, schließlich hat er dort einige Spuren hinterlassen.

Die auffälligste ist der Wackelstein. In der Zeitschrift »Wünschelrute« vom 5. Februar 1818 findet sich die mündliche Überlieferung einer Erklärung dafür, wie die Externsteine entstanden sein sollen. Danach war der Teufel sehr erbost, wie schnell sich der neue christliche Glaube allerorten durchsetzte. Nun wollte der Böse wenigstens in den Externsteinen seine Ruhe vor den nimmermüden Predigern haben, doch: »Er kam an und sah eine große Menge Menschen, die

Die Externsteine waren schon vor über 100 Jahren ein beliebtes Ausflugsziel

vor dem Kreuze niederfielen, das man noch an den Felsen ausgehauen sieht, und die zu der Capelle auf der Spitze des steilsten Felsen und zu dem Grabe am Abhange des vordersten Felsen eine Procession hielten. Das verdroß den Teufel.«

Der Wackelstein hat wirklich etwas Wackeliges

Das Areal, gut ein Kilometer nordwestlich von Holzhausen, einen Stadtteil von Horn-Bad Meinberg, gelegen, ist voll von seltsamen Felsen und Höhlen. Wie der Teufel sah, dass ein Priester mit einem Kruzifix von der Kapelle kam, griff er sich einen Stein und warf diesen nach dem Geistlichen. Doch die Kraft des Kreuzes war stärker als Luzifer. Der Brocken flog in eine andere Richtung und blieb auf einer Felsenspitze liegen. Dort liegt die Klamotte bis heute und heißt »Wackelstein«. Tatsächlich liegt der Stein so schräg auf einer Kuppe, dass es scheint, als würde er jeden Moment hinabstürzen. Dass er indes brav oben bleibt, bezeugt ein weiteres Mal den Sieg des Christentums gegen die Macht des Satans – wenn man die Sage ernst nimmt.

Nach dem Steinwurf floh der Teufel »bey dem ausgehauenen Kreuze vorbey, an dem untersten Abhange des Berges zu dem Grabe. Hier faßt er mit seinen Krallen hinein, die noch deutlich darinn zu sehen sind, konnte es aber nicht zerstören«, fährt die Geschichte fort. »Da stemmte er sich gegen den großen Felsen, um ihn niederzuwerfen. Er drängte so gewaltig, daß er ein tiefes Loch in den Felsen drückte, und die Flamme schlug daran in die Höhe, wie noch deutlich zu sehen. Der Felsen blieb aber unbeweglich stehen, weil das Kreuz daran ausgehauen war.«

Schließlich fiel dem Bösen nichts Besseres ein, als sich auf den ersten Stein zu besinnen. Er drohte, dieser Stein »solle noch einmal eine Bürgerfrau aus der Stadt Horn umbringen«. Das wollten die Bürger verhindern und versuchten, den Fels von der Kuppe zu schaffen, »es war ihnen aber bis jetzt unmöglich«.

Info **53**

Das **Infozentrum Externsteine** befindet sich in der Externsteiner Straße 35 in Horn-Bad Meinberg, Landkreis Lippe.

Hüte dich vor dem Vogelsteller

Die uralten Teufelslöcher bei Jena

Pass bloß auf, Wanderer, wenn du an den Teufelslöchern vorbeikommst. Sonst schnappt dich der Vogelsteller und weg bist du. Und solltest du doch unbedingt an dieser Höhle vorbeikommen, bekreuzige dich und rufe laut und vernehmlich »Ha, ha!«, dann lässt er dich wahrscheinlich in Frieden vorüberziehen. So jedenfalls, erzählt eine thüringische Sage, schützen sich die Leute von Wöllnitz bei Jena vor dem verwünschten Vogelsteller, der im Innern der Kernberge Menschen gefangen hält. Goethes Schwager Christian August Vulpius hat diesen Sagenstoff in seinen 1823 erschienenen »Thüringischen Sagen und Volksmährchen« verarbeitet.

Die Teufelslöcher am Fuß der Kernberge südlich von Jena haben eine uralte Geschichte – und zwar eine aktenkundige. Als »foramen diaboli« tauchen sie bereits in einem Schriftstück aus dem Jahr 1319 auf. Bereits zu dieser Zeit spielte der Teufel eine Rolle. 1321 war von »fenstra diaboli« die Rede, 60 Jahre später von »Teuflisloch«. Dank der Schrift gelten sie als die ältesten urkundlich erwähnten Höhlen Thüringens.

Schon immer lockte die Höhle die Naturwissenschaftler an, zum Beispiel den umtriebigen Alexander von Humboldt. Er war 22 Jahre jung und Mitarbei-

Blick auf die alte Universitätsstadt Jena, um 1910

ter der preußischen Bergbauverwaltung, als er auf seiner ersten Reise nach Jena einen Blick in die Teufelslöcher warf. Seinen Eindruck fasste Humboldt im Juli 1792 zusammen: »Ich habe besonders hier um Jena manches schöne gesehen, was mich sehr interessiert. Die Teufelslöcher im blättrigen Gyps habe ich besehen, auch Bittersalz gesammelt.« Der Sandstein, der Gips und das Quellwasser in dieser Höhle weisen in geringen Mengen Bittersalz auf. Das Im 18. Jahrhundert wurde es als Abführmittel verwendet.

Ein vollkommen anderes Abführmittel findet man unweit der Teufelslöcher an den Kernbergen: die Studentenrutsche. Diese bemerkenswerte Bahn, sie ähnelt tatsächlich einem Einschnitt in den Hang, ist eine Erosionsrinne, »eine geologische Störung im Muschelkalk«, heißt es im Wikipedia-Eintrag über die Kernberge. Und der Name? Vermutlich rührt er von Studenten der Jenaer Universität her, die als Mutprobe den Geröllhang hinunterrutschten. Kinder von Traurigkeit waren die Studenten aus Jena noch nie. Bei den März-Revolten im 19. Jahrhundert waren viele von ihnen dabei.

Im Stadthaus ist »Draco« hinter Glas

Auf Studenten geht mit ziemlicher Sicherheit ein Drache zurück, den man heute im Jenaer Stadtmuseum besichtigen kann. »Draco« heißt er und gehört zu den sieben Wundern der Stadt. Sieben Köpfe hat er, vier Beine, zwei Arme und zwei Schwänze und macht einen überaus grimmigen Eindruck. Die Statue soll zu Beginn des 17. Jahrhunderts angefertigt worden sein, vermutlich von Studenten, die sich einen Spaß machen wollten. Der Drache ist aus Tierknochen, Draht und Pappmaché gebaut. Nicht auszuschließen, dass die Knochen aus den Teufelslöchern stammen. Vogelknochen etwa? Dann hat ja der verwünschte Vogelsteller etwas zurückgelassen.

Info **54**

Wanderwege führen östlich von Jena zu den Kernbergen und damit zu den **Teufelslöchern**.

Die roten Teufel vom Betzenberg

Kaiserslauterns Fußball und seine Fans

Vor diesen Jungs sollte man Angst bekommen. Wie die Teufel fegten sie über das Spielfeld und der Krone des deutschen Fußballs entgegen. 1997 war der 1. FC Kaiserslautern (FCK) aus der zweiten in die erste Bundesliga aufgestiegen und hielt im Mai 1998 die Meisterschale in den Händen. Das blieb einmalig, und die Fans, gleichsam rote Teufel aus tiefster Überzeugung, zehren immer noch von dieser grandiosen Leistung. Das müssen sie auch, denn ihr Club ist im Mai 2018 in die dritte Liga abgestiegen.

Fritz Walter (1920–2002) würde sich im Grab umdrehen, wenn er seinen Club in der Drittklassigkeit erleben müsste. Jener Fritz Walter, der mit seinem Verein 1951 und 1953 zwei der insgesamt vier deutschen Meistertitel holte, der als Kapitän der deutschen Nationalmannschaft 1954 seinen Anteil am Fußball-Wunder von Bern hatte und der am teuflischen Spitznamen des FCK nicht ganz unschuldig ist. Auf der Fan-Seite »Der Betze brennt« heißt es: »Weil Fritz Walter während des Krieges im Team der ›Roten Jäger‹ kickte, kam ihm später die Idee, die Farbe beim FCK auch zu verwenden.«

Legen die Fans richtig los, ist auf dem Betzenberg eine höllische Stimmung

Bereits im Jahr 1934 verlieh das Fußball-Magazin »Kicker« den Lauterern den Titel »Teufel«. Grund für die Bezeichnung war damals eine Siegesserie der Lauterer, die »wie wildgewordene Teufel umher- und mit ihren Gegnern meist Schlitten zu fahren pflegten«, notierte das Blatt. Der Begriff »Rote Teufel« tauchte zum ersten Mal in verschiedenen Berichterstattungen über das Spiel in der Endrunde um die deutsche Meisterschaft gegen den TSV 1860 München auf. Die Pfälzer, ganz in rot gekleidet, fegten die Bayern am 18. Juli 1948 mit 5:1 vom Platz. Mehrere Zeitungen berichteten danach von den siegreichen »Roten Teufeln«.

Fritz Walter (links) und Team im deutschen Finale 1953

Doch bis er sich endgültig durchsetzte, vergingen noch einmal fünf Jahre. »Der früheste Beleg des Roten Teufels als von Fans verwendetes Bildsymbol stammt aus dem Jahr 1953 nach dem Gewinn der zweiten deutschen Meisterschaft«, heißt es bei Wikipedia. Die Schnelligkeit der Spieler auf dem Rasen, die unglaubliche Spielfreude und die – für ihre Zeit – sensationellen Spieltaktiken ließen keinen Zuschauer daran zweifeln, dass beim FCK etwas nicht mit rechten Dingen zugehen konnte. »Tatsächlich brachten sie die zugkräftigste Mannschaft im viergeteilten Deutschland auf die Beine«, kann man bei »Der Betze brennt« nachlesen.

Seit 1991 gehören als Teufel verkleidete Animateure zum Rahmenprogramm der Bundesliga-Begegnungen im Stadion auf dem Betzenberg. Als Abbildung gab es bereits seit 1979 den »Betzi«, eine Teufelsfigur in FCK-Dress. 2009 kam für die jüngsten Fans ein Maskottchen der Teufelsbande dazu, das auch Betzi heißt. Man darf sich also überhaupt nicht wundern, wenn man in der Fußgängerzone in Kaiserslautern ein gehörntes Kind sieht. Man kann ihm bestenfalls wünschen, dass es seinen Club auch mal im deutschen Fußballoberhaus erleben darf.

Info **55**

Das **Fritz-Walter-Stadion** findet man auf dem Betzenberg, Fritz-Walter-Straße 1, Kaiserslautern.

Der klare Blick auf das Böse

Wie Schriftsteller Lessing aus Kamenz den Teufel sah

Des Teufels war nur, wer sich ihm verschrieben hatte. Das dachten die Leute und hüteten sich davor, einem Unbekannten per Vertrag und Unterschrift mit Eigenblut die Seele zu geben. Ach, wie war doch die Welt so einfach. Falsch, rief ihnen Gotthold Ephraim Lessing (1729–1781) entgegen, du simples Menschlein findest dich schneller in die Fänge Satans, als du glauben möchtest. »Ha, laß dich den Teufel bei einem Haar fassen, und du bist sein auf ewig«, notierte der große deutsche Schriftsteller in seinem Werk »Emilia Galotti«, erschienen 1772 und geprägt von viel Einsicht.

In Kamenz bei Bautzen, wo Lessing geboren wurde und aufwuchs, findet sich in der Historie das Schicksal eines Mannes, der vielleicht etwas schräg, aber ganz bestimmt nicht des Teufels war – selbst wenn es im sächsischen Sagenbuch steht.

Caspar Dulichius verdingte sich 1642 in Kamenz als Diakon. »An seinem Lebenswandel hatten die frommen Väter der Stadt allerlei auszusetzen«, liest man

Trotz geschlossener Tür ist Caspar Dulichius aus dem Turm entkommen

in der Sage über den Roten Turm in Kamenz. Was, das erfahren wir nicht. Es heißt, dass er »höchstwahrscheinlich geistesirre« gewesen sei. Jedenfalls hatte Dulichius manche Feinde in der Stadt, und als sich die Gelegenheit bot, setzte man ihn 1643 ab und scheuchte ihn aus Kamenz heraus.

Zehn Jahre sei er durch die Welt gezogen. Er kehrte zu seiner Frau und deren Eltern zurück, doch war er offenbar nicht erwünscht. »Es kam zu einem heftigen Auftritt«, erzählt die Mär. Dulichius wurde festgenommen und »als gemeingefährlicher Gefangener« in den Roten Turm gesperrt, der heute zu den Resten der mittelalterlichen Stadtbefestigung von Kamenz gehört. Und nun kam Luzifer ins Spiel. Die Leute wollten nämlich erfahren haben, dass Dulichius mit dem Teufel verbunden sei. Der Beweis? Am 7. Oktober 1652 sei er bei geschlossenen Türen vom Turm herabgestiegen und habe mit mehreren Menschen in der Gasse gesprochen. Auch besitze er eine Nuss, mit deren Hilfe er sich unsichtbar machen könne. Ein aus Haaren geflochtener Kranz verleihe ihm Herrschaft über die Geister des Schattenreiches.

Der Rote Turm in Kamenz

Es fehlte nur noch das Geständnis. Man wollte ihn auf die Folter spannen. Als Dulichius die Marterinstrumente erblickte, gestand er, was seine Peiniger hören wollten. Ja, er stehe mit dem Teufel im Bunde und habe ihm aus dem Turm geholfen. Dass er am 6. November 1654 diese erpressten Aussagen widerrief, nutzte ihm nichts. Am 8. Juli 1655 wurde er in Kamenz auf dem Marktplatz hingerichtet.

Etwa 100 Jahre später zeichnete der Kamenzer Lessing ein anderes Bild vom Diabolischen. »Der Erkenntnis nach sind wir Engel, und dem Leben nach Teufel.« Diese klare Einsicht über die Schattenseiten in jedem Menschen hätte in den Zeiten davor nicht nur einem Caspar Dulichius das Leben gerettet.

Info **56**

Der **Rote Turm** steht in der Pulsnitzer Straße 27 in Kamenz, Landkreis Bautzen.
Das **Lessingmuseum** ist am Lessingplatz 1–3 zu finden.

Ein berühmtes und gefürchtetes Schauspiel

Die Teufelsbrücke in Kassel-Wilhelmshöhe

In Kassel krümmt sich das Böse, es wölbt sich in die Höhe und ist Weltkultur. Als »Bergpark Wilhelmshöhe« hat die Unesco 2013 eine der bemerkenswertesten Parkanlagen Deutschlands zum Weltkulturerbe erklärt. Dazu gehören die gebogene Teufelsbrücke und die Höllenteiche darunter.

Die Pläne, einen Park mit imposantem Wasserspiel in den Berg am Rand der Residenzstadt Kassel zu bauen, reichen ins 17. Jahrhundert zurück. Fantastische Kaskaden und mystische Grotten wurden ersonnen und ab dem Jahr 1696 Stück für Stück geschaffen. Die Krönung ist eine mehr als acht Meter große Statue des Herkules.

Zahlreiche künstliche Wasserläufe schlängeln sich durch das Gelände. Ob die Wasserspiele laufen oder nicht – es strömt immer Wasser zu Tal und dem Schloss entgegen. Also fließt es auch immer unter der Teufelsbrücke hindurch und fällt zehn Meter tief in die Hölle, wie man die kleinen Teiche nennt. Entgegen der lakonischen und im Internet verbreiteten Behauptung, die Bezeich-

Die eiserne Teufelsbrücke im Bergpark Wilhelmshöhe

nungen Teufelsbrücke und Höllenteiche sollten lediglich den Park spannender machen, haben die Namen einen tatsächlichen Grund.

Unter Landgraf Wilhelm IX., dem späteren Kurfürsten Wilhelm I. von Hessen-Kassel, begann nach 1785 eine große Umbau- und Erweiterungsphase zwischen den Kaskaden und dem Schloss. »Mit der Teufelsbrücke«, heißt es in einer 2015 erschienenen Schrift über »Die Wasserkünste« im Welterbe-Park, »zitiert Wilhelm IX. ein zu seiner Zeit berühmtes und gefürchtetes Schauspiel: Die legendäre Teufelsbrücke über die Reuss im Gotthardmassiv in den Schweizer Alpen bot einerseits eine wichtige Verbindung über den Fluss, andererseits gerade zur Schneeschmelze, wenn große Wassermassen unter der Teufelsbrücke hindurch stürzten, ein überwältigendes, aber nicht ganz ungefährliches Schauspiel.«

Das Vorbild in der Schweiz, hier um 1930

Dieses imposante Bild hatte man vor Augen, als die Ideen für den Bergpark bei Kassel skizziert wurden. Wenn die Wasserkünste in Gang gesetzt werden und die nassen Massen die Kaskaden hinabströmen, rauscht es im Bergpark mächtig unter der gebogenen Brücke.

Um Kosten zu sparen, entschied sich der Bauherr für eine hölzerne Brücke. Eine aus Stein wäre zu teuer geworden. Doch 1826 kam Ersatz mit einem Baustoff der Zukunft: Baudirektor Bromeis entwarf eine gusseiserne Brücke. In der 1810 gegründeten Kasseler Gießerei Henschel und Sohn, die später in den Bau von Fahrzeugen und Lokomotiven einstieg, wurde sie gegossen. Sie steht heute noch.

Info **57**

Der **Bergpark** Wilhelmshöhe liegt in Kassel.

Der Zorn des Himmels

Wie bei Prützke eine Gaststätte zur Hölle fuhr

Dieser Krug musste den frommen Menschen schon lange ein Dorn im Auge gewesen sein. Derweil die braven Christenleute im Brandenburgischen sonntags nach Rietz oder nach Prützke bei Brandenburg an der Havel zur Kirche schritten, saßen frevelhafte Gestalten in dem Wirtshaus und ließen den lieben Gott einen guten Mann sein.

Eine Sage berichtet vom »Owerskrug« am Holzberg: Eines Tages zogen schwere Wolken auf. Drohend schoben sie sich über das Dorf, schweflig-gelb sollen sie gewesen sein. Die Fuhrleute, die auf der Straße von Brandenburg an der Havel nach Lehnin waren, retteten sich unter das schützende Dach des Kruges. Der Himmel tat sich auf, es krachte und donnerte und schüttete wie aus Kübeln. Auch ein Mönch sprang schutzsuchend ins Wirtshaus, mit vollkommen durchnässtem Gewand.

Immer heftiger tobte das Wetter, brüllte der Sturm. Da rief der Mönch verzweifelt: »Betet, Brüder, betet!« Doch er erntete nur Spott und Gelächter. Die

Blick vom Holzberg: Ist hier der Krug versunken?

Leute ließen sich nicht beim Karten spielen und Saufen stören. Sie fluchten, wie es ihnen gefiel, sangen derbe und lästerliche Lieder oder warfen der Magd des Krügers lüsterne Worte und Blicke nach. Schließlich platzte dem Geistlichen der Kragen und er herrschte die Versammlung an: »So seid ihr alle verflucht!« Sprach's und lief aus dem Krug hinaus in den Regen. Das schallende Gelächter der Gäste hörte er nicht mehr. Genau in diesem Moment fuhr ein gewaltiger Blitz herab, mitten in das Wirtshaus hinein und stampfte die Schenke mit Mann und Maus in den Boden.

Nur eine Sage? Alte Leute aus Rietz erinnern sich, wie sie von ihrem Dorfschullehrer zum Holzberg geführt wurden. Das war in den 1930er-Jahren. Er zeigte ihnen eine Stelle am Rande des Berges und unweit des Rietzer Sees, an der vor langer Zeit der Krug gestanden haben soll.

Der Owerskrug auf einer Landkarte von 1842

Nabers-, Owers- oder Nobiskrüge gelten in der Mythologie als Tore zur Hölle, in die Unterwelt. Wie ernst es den Prützkern und Rietzern mit dieser untergegangenen Gaststätte war, kann man neben den Sagen an dem Eintrag des »Oberkrug« im ersten Messtischblatt aus dem Jahr 1842 sehen. Anfang des 20. Jahrhunderts stießen Archäologen am Holzberg und dem südlichen Ufer des Rietzer Sees auf zwei wüste Siedlungen, eine aus der frühen Slawenzeit zwischen dem 7. und 9. Jahrhundert, die andere aus der späten Slawen- und frühen deutschen Zeit im 11./12. Jahrhundert. Möglich also, dass sich die Leute in der Gegend die Überreste von Häusern mit dem Racheakt Gottes erklären.

An manchen Tagen riecht es in dieser Gegend, als habe sich das Tor zur Hölle am Holzberg wieder geöffnet. Dann kommt der Wind von Nordwesten und trägt den diabolischen Gestank aus der Rietzer Schweinemastanlage von Tausenden von Tieren und deren Fäkalien weit über das Land.

Info **58**

Der **Holzberg** liegt an der Straße zwischen Rietz und Prützke in Kloster Lehnin, Landkreis Potsdam-Mittelmark.

Verrückte Welt

Warum die Kirche im brandenburgischen Rädel verkehrt herum steht

Einst lag das Dorf an mehreren wichtigen Straßen. Durch Rädel unweit des Lehniner Klosters im Brandenburgischen zogen viele Kaufleute, Pilger und wer sonst noch unterwegs war. Der sagenhafte Siebenbrüderweg nimmt hier seinen Anfang. Unweit des Ortes markiert eine Steinpyramide die Stelle, an der der preußische Kronprinz im Jahr 1826 erfuhr, dass sein Schwager Nikolaus Zar von Russland geworden war. Der Kaisergrund, so heißt die Pyramide, steht heute wieder im Wald. An sie heran kommt man nur noch mit Genehmigung. Denn vor mehr als 60 Jahren entdeckte das Militär diese Ecke Brandenburgs und nahm sie als Truppenübungsplatz in Beschlag, erst die Nationale Volksarmee, dann die Bundeswehr. Seitdem liegt Rädel in einer Sackgasse.

So bleibt die Kirche, schräg gegenüber einer landesweit berühmten Orchideenwiese, weithin unbemerkt, obwohl sie etwas ganz Besonderes ist. Sie steht nämlich verkehrt herum. Und das hat, folgt man einer alten Sage, einiges mit dem Teufel zu tun. Man erzählt sich: Voller Grimm sah der Teufel, wie brave Christen allerorten Kirchen bauten. Wo er konnte, packte der Böse Feldsteine und warf sie von Bergen herab auf die Gotteshäuser, um sie zu zerstören. So auch in Rädel. Von den Rauhen Bergen aus schleuderte er dieser Kirche immer wieder Steine entgegen und machte es den Christen wahrlich schwer.

Was die Menschen am Tage errichtet hatten, schlug der Böse in der Nacht kaputt. Kaum meinten die Leute, ihr Werk sei vollendet, da fanden sie das Bauwerk am Morgen wieder in Trümmern liegen. So ging es Woche für Woche, Monat für Monat. »Wenn es uns doch gelänge, den Leibhaftigen zu täuschen«, sagten die Rädeler.

Da trat ein altes, frommes Mütterlein hervor und sprach: »Lasst uns doch die Kirche so bauen, dass der Teufel sie nicht erkennt.« Die Menschen verstanden nicht, was die Alte meinte. So fuhr sie fort: »Lasst uns den Turm auf der anderen Seite des Kirchenschiffes bauen. Bei uns Christen zeigen die Türme immer nach dem Abend zu, nach Sonnenuntergang. Errichten wir unseren Turm nach dem Morgen, wo die Sonne erscheint, wird der Teufel unser Gotteshaus gewiss nicht als Kirche erkennen.«

Und siehe: Kaum stand der Turm auf der anderen, der eigentlich falschen Seite, war es vorbei mit den Steinwürfen des Teufels. Der trieb in den Schenken

Der Turm der Rädeler Kirche steht auf der Ostseite, hier auf einer Lithografie, um 1900

des Ortes noch manchen argen Schabernack mit den Leuten, doch an Gottes gutem Haus kratzte der Dunkle nicht an der kleinsten Fuge.

Dass manche Leute heute behaupten, eine Torflinse unter dem Gotteshaus sei die Ursache dafür, dass der Turm auf festeren Grund und damit auf die andere Seite des Kirchenschiffs gesetzt wurde, könnte ein Gerücht aus dem Munde des Teufels sein, diesem ewigen Säher übler Zwietracht.

Info **59**

Die **Kirche** steht in der Hauptstraße in Kloster Lehnin, Ortsteil Rädel, Landkreis Potsdam-Mittelmark.

Was lange währt

Wie der Teufel den Bau des Kölner Doms behindert, aber nicht verhindert hat

Kein Wunder, dass die braven Christen so unglaublich lang an dieser Kirche gebaut haben. Im Jahr 1248 begannen sie mit der Arbeit am Dom in Köln, fertig wurden sie 1880. Einige teuflische Sagen gibt es über dieses imposante Gotteshaus zu erzählen, so die von der Teufelswette. Satan bot Baumeister Gerhard von Ryle seine Dienste an, doch dieser wehrte ab. Aber es kam der Moment, an dem der Böse den Baumeister doch überzeugen konnte. Von Ryle sollte innerhalb eines Jahres einen Bauplan vorlegen. So erfahren er im Bau von Kirchen sein mochte, an diesem Auftrag biss er sich die Zähne aus. Wie sich das Schicksal fügte, lief dem verzweifelten Ryle ein Fremder über den Weg, gekleidet in der Art der französischen Bauleute, heißt es in der Sage »Die Teufelswette«. Eher beiläufig zeichnete der Fremde, der kein Anderer als der Böse war, einen perfekten Bauplan für einen Dom in den Sand.

Erstaunt fragte der Baumeister, was der Fremde haben wolle, wenn er ihm den Plan überlasse. »Dich, dein Weib und dein Kind – dann baue ich dir die Kirche binnen drei Jahren.« Schaffe er es nicht, könne Ryle den Bauplan und den angefangenen Dom behalten und sei frei. Der Baumeister traute solch ein Werk in so kurzer Zeit nicht einmal Satan zu und schlug ein.

In Windeseile ging der Bau nun voran. Als sich die Gerüchte häuften, hier gehe manches nicht mit rechten Dingen zu, nahm das Weib den Dombaumeister ins Gebet. Er machte seinem Herzen Luft und gestand die Abmachung mit dem Gottseibeiuns. Fortan überlegte die Gattin, wie sie die Seelen ihrer Familie retten konnte. Mit dem Morgengrauen des letzten Tages, als eben die letzte Turmspitze aufgesetzt werden sollte, stieß die Frau einen kräftigen Hahnenschrei aus und alle Hähne ringsum stimmten ein. Da brach das ganze Bauwerk ein. Man konnte nun zwar von vorn beginnen, aber drei Seelen waren gerettet.

Der wahre Bau dauerte und dauerte. Die Reformation sorgte für einen entscheidenden Einschnitt. Die Spenden flossen nicht mehr so gut. Ende des 18. Jahrhunderts breiteten sich Napoleons Soldaten mit ihren Pferden in dem Gotteshaus aus. Der Dom verfiel immer mehr, schließlich wollte man die Bauruine Mitte des 19. Jahrhunderts abreißen. Was hätte das den Teufel doch gefreut.

Am Ende hat er doch die Wette verloren. Die Kölner holten tief Luft, packten ab 1863 besonders kräftig an und vollendeten das Werk nach mehr als

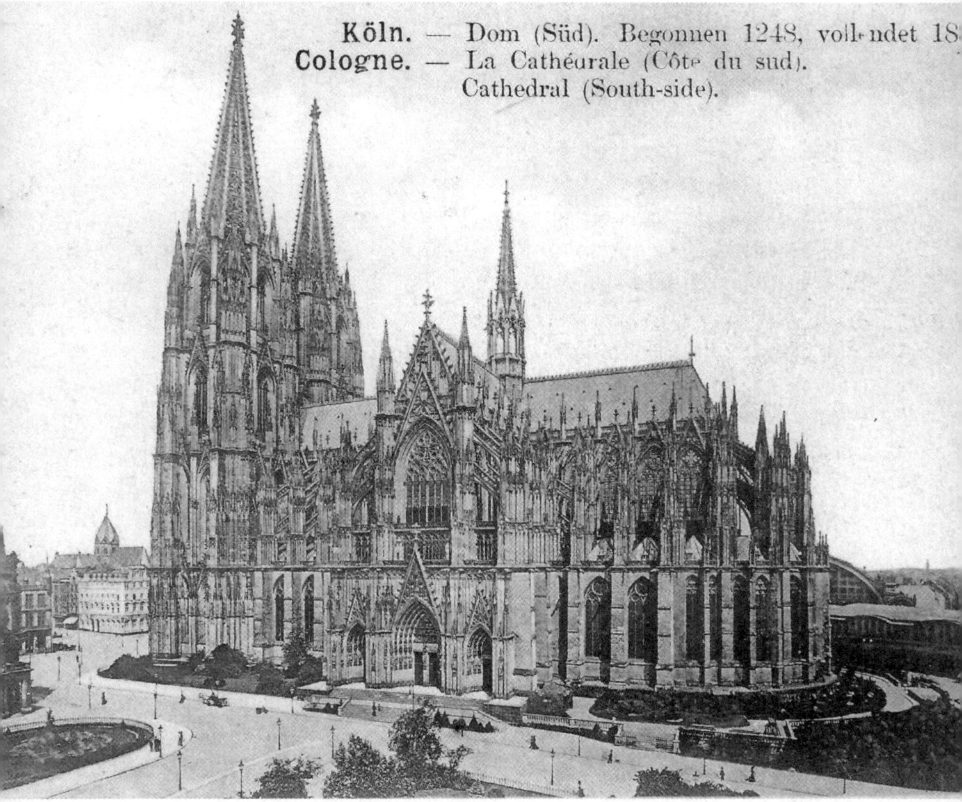

Der Kölner Dom kurz nach seiner Vollendung

600 Jahren. Es geriet so schön, dass sich die ganze Welt davor verneigt. 1996 wurde der Dom, eigentlich »Hohe Domkirche Sankt Petrus«, zum Weltkulturerbe der Unesco erklärt. Und das bekommt auch Satan beim besten Willen nicht mehr kaputt. Da können seine Gehilfen in Gestalt der diabolischen Wasserspeier noch so grimmig schauen, wie sie wollen.

Info **60**

Der **Dom** steht am Domkloster 4 in Köln.

Von wegen süße Häschen

Weshalb der Teufel im Jagdfries am Kaiserdom in Königslutter steckt

Soviel ist sicher: Der Teufel steckt im Detail. In irgendeiner Weise zeigt er sich im Jagdrelief am Kaiserdom in Königslutter im Osten Niedersachsens. Doch wie? Darüber scheiden sich die Geister.

Es war einmal ein Kanonissenstift nahe dem Dorfe Lutter am Nordrand des Elm, das der deutsche König und Kaiser Lothar III. (1075–1137) im Jahre 1135 in ein Benediktinerkloster umwandeln ließ. Zugleich legte der Herrscher den Grundstein für den Dom – »als sichtbares Zeichen seines christlichen-imperialen Machtanspruches«, erklärt ein Buch über die Kirche. Dementsprechend ließ sich der hohe Herr beim Bau und der Ausstattung nicht lumpen. Das Mauerwerk aus großformatigen Quadern heimischen Muschelkalks ist dermaßen sauber behauen und fugenlos verarbeitet worden, dass man heute noch staunend vor diesen nahezu makellos glatten Mauern steht.

Das Fries an der Apsis erzählt eine rätselhafte Geschichte

Die Hauptapsis im Osten des Doms gestaltete der lombardische Bildhauer Nikolaus mit einem Jagdfries, »ein herausragendes Bildhauerwerk der deutschen Romanik«, schwärmt der »Begleiter durch den Kaiserdom«. In der unteren Reihe sieht man fantasievolle Menschen- und Tierköpfe und Fabelwesen. Darüber zieht sich ein Band mit Jagdbildern. Es sind zwei Szenen, die von außen nach innen zu lesen sind. Da sieht man den Jäger, der ins Horn stößt. Auf einem Bild trägt er einen erbeuteten Hasen davon. Ein Bild zeigt, wie ein Hund einen Hasen im Nacken packt. In der Mitte jedoch, auf die beiden Szenen zulaufen, erblickt der Betrachter etwas Unglaubliches: Der Jäger liegt am Boden, über ihm zwei grimmige Hasen, die ihn fesseln.

Zwei Hasen fesseln einen Jäger

Aus Sicht der Kirche gibt es mehrere Interpretationsansätze: »Ist der Jäger etwa der Teufel, während der Hase das Gute versinnbildlicht? Wird der Mensch gewarnt, dass er dem, was er erjagen will, letztlich unterliegt?«, liest man in der Broschüre.

Jürgen Bernhard Kuck, Studiendirektor und Kunsterzieher aus Braunschweig, hat eine andere Erklärung oder besser: Erkenntnis. Er hat in der Hasen-Jäger-Fessel-Darstellung nämlich Satan selbst gesehen. Es geschah in einer Stunde im Kunstunterricht, beschreibt Kuck in einem 2002 erschienenen Beitrag »Teufel auch!«. Das Jagdfries stand im Mittelpunkt der Lehrstoffes, schon lange hatten die Schüler und Lehrer Kuck gearbeitet. Vom Sekundenschlaf überwältigt, riss Kuck den Kopf hoch, blickte zum x-ten Mal auf das Jagdfries – und »da sah ich es: Die Fesseln und die Hasenmäuler formten ein höllisches Maul, die Hasenköpfe eine grinsende Fratz, die Ohren wurden zu Hörnern«, erinnert sich Kuck, »das ist der Teufel«.

Für Kuck ist seither die Symbolik schlüssig. Es gehe im Fries um Besitz, Macht und Ehre. »Aber wer darauf allein sein Trachten richte«, schrieb die Braunschweiger Zeitung 2001 über Kucks Erkenntnis, »verfalle unbemerkt dem Teufel«.

Info **61**

Der **Kaiserdom** steht in Königslutter am Elm, Landkreis Helmstedt.

Die tückische Tiefe gibt keinen mehr her

Der Teufelstisch im Bodensee

Wen der Böse einmal zu sich geholt hat, den gibt er nicht mehr heraus, heißt es. Im Bodensee ist im Laufe der Zeiten schon mancher Schwimmer oder Taucher ums Leben gekommen. Besonders gefährlich ist es am Teufelstisch in der Nähe von Konstanz, so gefährlich, dass das Tauchen nur mit einer Ausnahmegenehmigung gestattet ist. Außerdem müssen die Taucher unmittelbar vorher die Wasserschutzpolizei informieren und sich dort nach dem Tauchgang auch wieder zurückmelden. Sonst bricht die Hölle los.

Der Teufelstisch ist eine Felsnadel, an deren Seeseite es gut 90 Meter in die Tiefe geht. Wer hier taucht, braucht mehr als nur eine gute Ausrüstung. »Tiefe, Dunkelheit und Kälte sind Dinge, die jeder (Steilwand-)Taucher im Bodensee kennt, und mit denen er umgehen können muss, sonst ist er fehl am Platze«, schreibt Matthias Eisenmann über den Teufelstisch.

Was die Felsnadel so lebensgefährlich macht, dass man sie als teuflisch bezeichnet: »Hauptgefahrenquellen sind zu tiefes Tauchen, mangelhaftes Austarieren oder unzureichende Ausrüstung, wie zu viel Blei oder unzureichender Kälteschutz. Der Orientierung dient, nur an der Wand hinab und hoch zu tauchen. Desorientierung wird überwunden, wenn man mit Hilfe eines Kompasses in Richtung Ufer taucht.«

Überhaupt lauert die Gefahr dieses Sees in seiner Tiefe. Immer wieder kommen Badende und Schwimmer ums Leben, im Sommer 2015 waren es sieben in nur zwei Wochen. Ursache für die vielen Todesfälle »sind diese gefährlichen Strömungen; die ziehen einen nach unten. Das ist brandgefährlich«, berichtet ein Hamburger Seemann, der seit Jahren am Bodensee lebt.

Badetote gibt es in allen Gewässern zu beklagen, und meist tauchen die Leichen auf. Der Bodensee jedoch gibt viele Tote nicht mehr her. Etwa 100 Vermisste vermutet man in seinen Tiefen. »Das liegt an Wassertemperatur und Wassertiefe«, sagte Dietmar Issler, Leiter der Wasserschutzpolizei Friedrichshafen, der Augsburger Allgemeinen. Normalerweise versinke ein toter Körper zunächst in einem Gewässer. Setzt dann der Verwesungsprozess ein, bilden sich in der Leiche Gase, die sie nach einigen Tagen wieder nach oben treiben. Ab einer Tiefe von rund 20 Metern jedoch hat das Wasser nur noch vier Grad Celsius. Das verlangsamt den Verwesungsprozess stark.

Außerdem steigt der Wasserdruck mit zunehmender Tiefe – und der Bodensee misst teils immerhin über 250 Meter von der Oberfläche bis zum Grund.

Im Bodensee geht es an manchen Stellen nicht geheuer zu

»Der Wasserdruck ist das Hauptkriterium. Wegen ihm bleiben die Leichen unten«, erläuterte Polizist Issler weiter. Sei eine Leiche erst auf einer Tiefe von 40 bis 50 Metern, tauche sie in der Regel nie mehr auf.

Ende April 2011 erwischte es einen erfahrenen Taucher. Der Leichnam wurde unweit des Teufelstisches geborgen.

Info **62**

Von der Landseite aus ist der **Teufelstisch** nur am Bodensee-Rundweg zu sehen, knapp einen Kilometer nordwestlich von Konstanz-Wallhausen.

Der versteckte Teufelsberg

Wo ein märkischer Adeliger einen Pakt mit dem Bösen schloss

Wenn schon der Teufel nicht entdeckt werden will, warum sollte man dann den Teufelsberg ohne Weiteres finden können? 75 Meter ist er hoch, müsste also von Landin im Westhavelland aus gut zu sehen sein. Doch überall nur hohe Kiefern.

In Landin wohnte vor Zeiten einer aus dem Geschlecht derer von Bredow, heißt es im märkischen Sagenbuch von Adalbert Kuhn von 1843. Nippel von Bredow war ein Verschwender. Er hatte alles verprasst, und als er frisches Geld brauchte, schloss er mit Luzifer einen Pakt. »Dieser Bund wurde auf dem Teufelsberg geschlossen, der eben davon seinen Namen erhielt«, liest man bei Kuhn.

Der Berg muss doch zu finden sein. Also rein in den Wald! Da erst sieht man ihn. Zwischen den Stämmen blitzt ein Hügel hervor, ein Kegel mit flacher Kuppe. Letzte Gewissheit, am richtigen Platz zu sein, gibt das gelbe Schild »Naturschutzgebiet Teufelsberg«.

Mitten im Wald erhebt sich der Teufelsberg

Mit dem Geld des Teufels prasste Nippel von Bredow munter weiter. Nun neigte sich die Zeit des Genusses ihrem Ende entgegen und Bredow fürchtete, dass ihn Satan bald in die Hölle führe. Der Adlige ging trübsinnig umher. Ein Schäfer fragte ihn, was ihm auf der Seele liege und Bredow packte aus.

Das Areal ist heute ein Naturschutzgebiet

Steil streckt sich der Teufelsberg empor, an den Hängen keine hohen Bäume. Kein Wunder, dass man die Anhöhe aus der Ferne nicht sieht. In der zweiten Hälfte des 12. Jahrhunderts stand eine Burg auf dem Berg, strategisch wichtig bei der Ostkolonisierung durch die Christen. Im Frühjahr 2016 suchten Archäologen der Uni Göttingen nach den Spuren aus der Zeit. Auch wollte man der Annahme auf den Grund gehen, dass die christliche Burg auf einem slawischen Heiligtum errichtet worden sei.

Bredows guter Schäfer hatte eine Idee. Noch müsse der Böse dem Adligen jeden Wunsch erfüllen. Also möge Bredow Luzifer bitten, ihm einen Scheffel voller Geld zu füllen, was heute einem etwa 55 Liter fassenden Behälter entspricht. Erst solle Bredow oben auf dem Teufelsberg ein ganz tiefes Loch graben und dann darüber den Scheffel in besonderer Weise anbringen. Wenn nun der Teufel Geld in den Behälter schütte, würde dieser umkippen sich entleeren und müsse von Neuem gefüllt werden.

Nippel von Bredow folgte dem Rat. Der Teufel trug einen Sack mit Geld herbei und schüttete, doch der Scheffel wurde nicht voll. Da der Böse den Trick nicht bemerkte, leerte er einen zweiten Sack voller Geld und einen dritten. Dann erst war ihm die Sache zu bunt. Er warf Bredow den Vertrag vor die Füße »und flog ärgerlich davon«, schließt die Sage.

Der Mär zufolge müsste im Teufelsberg ein großer Schatz stecken. Die Archäologen gruben und gruben. Gut 1 000 Scherben und Tierknochen holten sie aus dem Sandberg heraus – und die Erkenntnis, dass die Christenburg wahrscheinlich die Erstbebauung des Teufelsberges war. So bleibt die Herkunft des Bergnamens ein Rätsel.

Info **63**

Landin und der **Teufelsberg** liegen unweit der Bundesstraße 188 bei Rathenow, Landkreis Havelland.

Wo der Böse erfrischend ist

Die Teufelsküche in Landsberg am Lech

Was der Böse säuft? Schnaps natürlich, je stärker, desto besser. Wer allerdings mit dieser Erwartungshaltung nach Landsberg am Lech kommt und Teufelswasser in vollen Zügen genießen will, der staunt. Wasser stellt man ihm auf den Tisch, feines, reines Wasser – frisch aus der Teufelsküche. Aus dem Quellgebiet, das man in der oberbayerischen Kreisstadt »Teufelsküche« nennt, bezieht die Kommune einen großen Teil ihres Trinkwassers. Erst vor wenigen Jahren wurde die Technik komplett saniert und die Menschen in Landsberg-Ost brauchen sich für die nächsten Jahre keine Sorge um ihr Wasser zu machen.

Dass es in der Schlucht unweit des Lechs und südlich des Stadtzentrums nicht mit rechten Dingen zugeht, haben sich die Menschen von Generation zu Generation weitererzählt – bis es schließlich aufgeschrieben und gedruckt wurde. Eine Sage berichtet von einer alten Frau, der man zu Lebzeiten nachsagte, sie sei eine Hexe gewesen. Kaum gestorben, verschwand der Leichnam aus dem Grab. Zurück blieb ein Haufen Kohlen. Die Landsberger, zutiefst entsetzt

Blick auf Landsberg am Lech, um 1935

und erschrocken, wollten das unheimliche Zeug schnell loswerden, so wertvoll Kohlen auch sein mochten. Der Sage nach schafften sie das schwarze Teufelszeug zur Teufelsküche und versuchten, es dort im Wasser zu verklappen. Doch im Wasser gerieten die Kohlen in Brand. Noch heute, sagt man, sei der Rauch über der Teufelsküche zu sehen.

Karl Freiherr von Leoprechting (1818–1864) hat viele Sagen aus Landsberg, dem Quellgebiet und der Gegend drumherum der Nachwelt überliefert. Er lebte von 1844 bis 1857 im nahe gelegenen Schloss Pöring, schaute dem Volk aufs Maul und trug viele Geschichten zusammen. 1855 erschien seine Sagensammlung »Aus dem Lechrain – Zur deutschen Sitten- und Sagenkunde«. In dieser Zeit entstand auch das »Hexenviertel« in Landsberg. Vermutlich war es eine rothaarige Kunstmalerin, die dort eine Weile lebte und wirkte und die Leute inspirierte, dieser romantischen Ecke den verruchten Namen zu geben.

Das »Hexenviertel« in Landsberg

In einer Sage aus der Sammlung ist von einem kopflosen Mann die Rede. Dieser Geist zeige sich des Öfteren in der Teufelsküche. Sein Vergehen: Der verheiratete Mann hatte sich in dem Quellgebiet mit seiner jungen Freundin getroffen, was natürlich sonst niemand erfahren durfte. Doch kam der Ehebrecher bei einem Sturz in die Schlucht ums Leben – er verlor den Kopf. Seither muss er auf ewig umgehen. Heißt es jedenfalls.

Ganz und gar nicht sagenhaft ist ein anderes Ereignis, das auf ewig mit der Landsberger Geschichte verbunden ist. Fünf Kilometer von der Teufelsküche entfernt, saß Adolf Hitler 1923 und 1924 in der Festungshaft. »Es war, als ob der Teufel hier Urlaub machte und sein Gift verträufelte«, schrieb die Süddeutsche Zeitung. In den 264 Tagen, die Hitler wegen des Putsch-Versuches dort einsaß, floss sein Gift in das Buch »Mein Kampf«.

Info **64**

Neben dem **Quellgebiet** findet man die **Gaststätte »Teufelsküche«**, Wildparkweg 2, in Landsberg am Lech.

Die verzauberten Studenten

Faust und der Teufel in Auerbachs Keller in Leipzig

Das war eine seltsame Stimmung in Auerbachs Keller mitten in Leipzig: Gespannt die Gäste, gereizt der Kellner. Er hatte es gewagt, Bier in grünen Flaschen zu servieren. Der Leiter der Reisegruppe verlangte Bier in braunen Flaschen. Er kenne sich aus, er stamme aus der DDR. Der Kellner wiegelte ab, Bier sei Bier, und fertig. Noch ein halbes Jahr zuvor wäre getrunken worden, was auf den Tisch kam. Also auch Bier aus grünen Flaschen, die in dem Ruf standen, selbiges schneller verderben zu lassen. Aber jetzt, am ersten Tag der neuen Währung, am 1. Juli 1990, da war über Nacht so viel anders geworden. Und dies machte der Reiseleiter dem Kellner so lange deutlich, bis braune Bierflaschen auf dem Tisch standen.

Der Kellner war entnervt. Garantiert hatte er den ganzen Haufen zu später Stunde nur zum Teufel gewünscht. So wie es Dr. Faust der Legende nach im Frühjahr 1525 in Auerbachs Keller getan hatte. Zusammen mit dem Gottseibeiuns, den Goethe später Mephisto nennen sollte, machte er eine Gruppe

Doktor Faust reitet auf einem Weinfass in Auerbachs Keller

Studierender betrunken, und als sich der Wein in Feuer verwandelt hatte und die jungen Männer aggressiv auf ihren Gönner losgehen wollten, wies er sie mit teuflischer Kraft in ihre Schranken.

Mephisto und Faust von Mathieu Molitor

Diese Schlüsselszene aus Goethes »Faust« sieht jeder, der das Restaurant im Kellergeschoss der Mädlerpassage betreten will. Linkerhand stehen Faust und Mephisto, ihnen gegenüber zwei Studenten, die einen dritten abhalten, Faust an die Gurgel zu gehen. In den Jahren 1912 und 1913 war Auerbachs Keller im Zuge des Abbruchs der darüberliegenden mittelalterlichen Bebauung und der Errichtung des Messehauses Mädlerpassage weitgehend neu gebaut und erweitert worden. Zu diesem Anlass wurden die beiden Figurengruppen des Bildhauers Mathieu Molitor am Eingang des Lokals aufgestellt.

Johann Wolfgang von Goethe (1749–1832) war tatsächlich Gast in Auerbachs Keller – während seines Studiums in Leipzig von 1765 bis 1768. Er sah die beiden Gemälde aus der Zeit um 1625 an den Wänden des Lokals: Das eine zeigt den Magier und Astrologen Faust, der mit Studenten kräftig zecht. Auf dem anderen sieht man, wie Faust auf einem Weinfass aus dem Keller hinausreitet. Goethe kannte die alte Faustsage und hat, als er seinen »Faust« schuf, seinem Studentenlokal und der Stadt ein literarisches Denkmal gesetzt.

Auerbachs Keller teilt sich in zwei Bereiche – die vier historischen Weinstuben sowie den zusätzlich errichteten Großen Keller, der 1912 zusammen mit dem Messehaus Mädlerpassage erbaut wurde. Im Fasskeller, einem der vier alten, hängt tatsächlich ein Fass an der Decke, auf das man eine Figur gesetzt hat. Lange bevor Goethe hier mit Kommilitonen zechte, legte man in Auerbachs Keller viel Wert darauf, die Sage vom fassreitenden Faust lebendig zu halten. Bleibt sie auch auf ewig. An den Streit um grüne und braune Bierflaschen indes erinnern sich nicht mehr viele Menschen.

Info **65**

»Auerbachs Keller« liegt in der Grimmaischen Straße 2–4 in Leipzig.

Das diabolische Sprudeln

Warum in Hölle im Frankenwald kein Zug mehr hält

Durch die Hölle? Kein Problem. Wenn keiner im Weg steht, ist man in 50 Sekunden durch. Das ist die Hölle für Eilige. Wer weiß, was gut ist, lässt sich Zeit und kommt ins Schwitzen. Aber nicht, weil es höllisch heiß wäre. Wandertouren durch das Höllental und das Dörfchen Hölle an der Selbitz im Frankenwald können sich in die Länge ziehen. Aber es lohnt sich, das Auto stehen zu lassen oder gleich ganz mit der Bahn anzureisen, um das Höllental mit all seinen Sehenswürdigkeiten genießen zu können.

Wenn die Nazi-Zeit nicht gewesen wäre, könnte man vermutlich mit der Höllentalbahn heute noch in Ruhe durch diese zauberhafte Landschaft zuckeln. Ende des 19. Jahrhunderts wurde der Bau der Bahnstrecke von Triptis in Thüringen nach Marxgrün in Bayern vorangebracht. 1901 war die Strecke fertig, knapp 69 Kilometer lang, auf Normalspur. Mit Kriegsende kam die deutsche Teilung, stand 40 Jahre die Mauer im Wege. Als diese endlich fiel, gab es andere Verkehrswege und Transportmittel, die für den Güter- und Personenverkehr

Der Luftkurort Hölle im Frankenwald, um 1950

attraktiver waren. Für so eine Bahnstrecke war der Zug nun sprichwörtlich abgefahren.

Der Teufelssteg, um 1930

Das Bahnhofsgebäude in Hölle war beim Mauerfall schon lange abgerissen. Im Bahnhof Lichtenberg findet man heute ein Informationszentrum des Naturparks Frankenwald. Die Versuche enthusiastischer Eisenbahnliebhaber, die unterbrochene Strecke wieder zu schließen, stoßen bei den Freunden des Naturparks auf Widerstand. Man setzt auf den sanften Tourismus.

Ärger könnte es auch mit dem Hersteller eines höllischen Wassers geben. In dem Örtchen Hölle, das längst Ortsteil der Stadt Naila ist, gibt es mehrere Sauerbrunnen. Als »Höllensprudel« kommt das Mineralwasser vor allem in Nordbayern, Thüringen und Sachsen in den Handel – derzeit gut 50 Millionen Flaschen im Jahr. Würde die Bahn wieder durch das Höllental fahren, müsste man mit Entlaubungsmittel die Trasse frei halten, fürchten die Bahnkritiker. Solche chemischen Mittel wären für die feinen Quellen gewiss keine Wohltat.

Während die Bahnlinie umstritten bleibt und manche Bahn-Enthusiasten immer noch auf eine Renaissance für die Höllentalbahn hoffen, gibt es beim »Teufelssteg« keine Diskussionen. Dieser ist eine Brücke über das Flüsschen Selbitz, die im Laufe der Zeiten immer wieder neu gebaut werden musste. Und das nicht allein, weil sie aus Holz gemacht ist. Den vorletzten »Teufelssteg« aus dem Jahr 1997 beispielsweise hat Sturmtief »Emma« im Jahr 2008 zerstört. Ein vom Wind umgeworfener Baum traf den Steg in der Mitte. Glücklicherweise kam bald schon Ersatz. Der Neubau lässt Fußgänger seit 2010 wieder die Flussufer wechseln.

Info **66**

Hölle ist ein Ortsteil von Naila, Landkreis Hof. Das Informationszentrum zum **Naturpark Frankenwald** befindet sich in Lichtenberg, Landkreis Hof.

Das große Chaos auf der Kuppe

Die Teufelsmühle bei Loffenau im Nordschwarzwald

Vielleicht hätte der Müller den Teufel überlisten sollen. So aber nahm das Schicksal seinen Lauf und der Müller stand am Ende vor dem Nichts. Im Gegensatz zu den Wanderern und Touristen, die zur Teufelsmühle emporsteigen und die schöne Aussicht auf den nördlichen Schwarzwald genießen.

Eine Sage erzählt von einem Müller, der an der Murg bei Loffenau eine Mühle betrieb. Allein, die Stelle war schlecht gewählt. Es drang Wasser in die Mühle ein, der Gang des Mahlwerkes wurde gehemmt. Als einmal das Wasser von allen Seiten kam, platzte dem Müller endgültig der Kragen: »So wollt' ich, dass mir der Teufel eine Mühle auf dem Steinberg erbaute, die nie wieder zu viel noch zu wenig Wasser hätte!«

Solche Einladungen hat Luzifer noch nie ausgeschlagen. Er erschien und bot dem Müller seine Dienste an, selbstverständlich zum Preis der Müllerschen Seele. Erst war dem Müller recht mulmig zumute, doch dann wurde er keck und handelte mit Satan zur Mühle noch 40 sorgenfreie Jahre aus. Damit nicht ge-

Die Höhengaststätte Teufelsmühle auf einer Ansichtskarte, um 1965

nug, die Mühle sollte noch in dieser Nacht vor dem ersten Hahnenschrei erstehen.

Im Handumdrehen hatte der Böse das Werk vollbracht. Nach Mitternacht war es, als der Teufel den Müller holte und ihn durch die neue Mühle führte. Der Müller schaute hier und staunte da. Alles war, wie er es wollte. Nach dem Rundgang entdeckte der Müller dann aber doch einen Makel: Ein Stein fehlte, einer, der für das Bauwerk und seine Funktion nicht entbehrlich war. Kein Problem, meinte der Teufel und flog davon.

Der Aussichtsturm, um 1925

In der Tat brauchte Satan nicht lange, den Stein zu beschaffen. Er schwebte heran und wollte den Stein eben einsetzen, da schlug unten in Loffenau ein Hahn an. Zornig darüber schleuderte der Teufel den Stein auf die neue Mühle. Wie besessen stürzte er hinterher und warf alle Brocken auseinander. Am Ende blieb ein Haufen umherliegender Steinblöcke übrig. Wer auf den Steinberg steigt, findet sie heute noch in ziemlicher Unordnung. Wegen dieses Durcheinanders nennen die Menschen den Berg bis heute »Teufelsmühle«.

Damit nicht genug: »Etwas weiter abwärts gelangt man an das Teufelsbett, einen großen, wahrscheinlich ebenfalls durch das Wasser ausgehöhlten Stein, den ein überhängender Block zu bedecken scheint«, heißt es in einer im Jahr 1800 erschienenen Schrift über das Murgtal.

Der Weg hinauf ist seit jeher beliebt. Der zehn Meter hohe Teufelsmühlen-Turm entstand 1910. Fast ein halbes Jahrhundert später setzte man noch einmal sechs Meter oben drauf und schuf einen Anbau, der zum Wanderheim ausgebaut wurde. Zusammen mit der Höhengaststätte »Teufelsmühle« hat die 908 Meter hohe Kuppe heute einiges zu bieten. Dem Müller von einst nützt das indes herzlich wenig.

Info **67**

Wer von Loffenau, Landkreis Rastatt, zur Spitze der **Teufelsmühle** wandert, braucht festes Schuhwerk und muss wissen, dass er einen Höhenunterschied von 500 Metern überwindet.

130 teuflische Meter

In Lübeck geht es durch das Fegefeuer ins Paradies

Das Fegefeuer findet man in Lübeck. Das ist kein Scherz, sondern in der Hansestadt seit 1852 höchstoffiziell. Da nämlich hat man dem Volksmund nachgegeben und eine 130 Meter lange Straße, die zum hiesigen Dom führt, in »Fegefeuer« umbenannt. Die Straße taucht erstmals in einer Urkunde von 1296 auf, wo sie »platea parva«, kleine Straße, genannt wird. Doch schon wenig später, 1324, kam die Bezeichnung »Veghevur« auf.

Im Süden der Lübecker Altstadtinsel verbindet das »Fegefeuer« die Mühlenstraße mit dem Dom, genauer einer Torhalle an der Nordfassade der Kirche. Diese Halle nannte man einst »Paradies«. Bis zum Jahre 1804 bestand die Justizgrenze zwischen der Stadt und der großen Kirche. Der Dom war ein eigener Rechtsbezirk.

Wer in der Stadt etwas ausgefressen hatte, konnte im Dombezirk dafür nicht belangt werden. So war die Torhalle für die Gauner ein sicheres Ziel. Wer sie erreichte, war also im Paradies. Der Weg zum Dom durch die Kleine Straße

Das »Paradies« an der Nordseite des Lübecker Doms

war zwar sehr kurz, aber voller Tücken. »Angeblich waren die Lübecker nicht zimperlich, warfen mit Sachen nach den Halunken und hauten sie mit Stöcken«, erklärt die Internetseite »Lübeck mit Kindern«. So wurde sie zum Gang durch das Fegefeuer.

Relief in der Gasse »Hölle«

Welche Funktion die Halle an der Nordfassade ursprünglich hatte, weiß man nicht. Mitte des 13. Jahrhunderts ist sie entstanden, in der Übergangsperiode von der Romantik zur Gotik. Der Dom war im Jahre 1247 geweiht worden. Mit seiner Ausgestaltung, zu der verschiedene figürliche Darstellungen zählen, gilt er den Fachleuchten als kostbares Bauwerk. Im Frühjahr 1942 wurde der Dom bei einem alliierten Bombenangriff schwer beschädigt. Vier Jahre später stürzte der seit dem Bombardement frei stehende Nordgiebel herab und zerschlug die Paradieshalle.

Ungefähr in der Mitte des Fegefeuers zweigt eine Gasse ab, die den vielsagenden Namen »Hölle« trägt. Kann es denn noch schlimmer als das Fegefeuer kommen? In Lübeck wohl schon. Auf der Flucht vor der städtischen Gerichtsbarkeit und ihren Stadtknechten war hoffnungslos verloren, wer nach links in diese Gasse abbog. Sie ist eine Sackgasse. Der Delinquent war in der Hölle gefangen, die Häscher kriegten ihn.

Doch diese Zeiten sind vergangen. Ein Terrakotta-Relief des mecklenburgischen Künstlers Otto Mantzel (1882–1968) ziert seit 1936 ein Eckhaus an der Hölle. Mantzel versah das Straßenschild mit einer ziemlich volkstümlichen Darstellung der Unterwelt. Drei arme Sünder schmoren in einem Kessel, dessen Feuer zwei Teufel schüren. Sonst ist hier von Hölle keine Spur. Gegenüber im Fegefeuer kann der Mensch dank eines Ärztehauses genesen und in der Hölle selbst grünt und blüht es im Innenhof und lebt es sich fast schon wie im Paradies.

Info **68**

Fegefeuer, Hölle und **Paradies** befinden sich im Süden der Altstadtinsel in Lübeck.

Wer zuletzt lacht

Das fröhliche Teufelchen vor der Lübecker Marienkirche

Dieses drollige Kerlchen soll den Menschen gedroht haben? Dieses freundliche Wesen, neben dem Lübeck-Besucher so gerne Platz nehmen, um sich mit ihm fotografieren lassen? Das kann doch kein Teufel sein … Er ist es aber. Der Lübecker Bildhauer Rolf Goerler (1927–2006) hat die Bronzeskulptur geschaffen. Seit 1999 sitzt sie auf der sonnigen Südseite vor der Marienkirche – und lächelt.

Wie es dazu gekommen sein soll, erzählt die Sage über die Erbauung der Marienkirche in der Version aus dem Jahr 1894 mit dem Titel »Alle Weinstuben und Gastwirtschaften sind des Teufels Helfer«. Als die Lübecker in der Mitte der Altstadtinsel mit dem Bau der Kirche begannen, schaute der Teufel argwöhnisch zu. Er wollte verhindern, dass die Christen noch mehr Kirchen bauten. Schließlich sorgte jedes weitere Gotteshaus dafür, dass Satans Ernte dürftiger ausfiel. Doch ehe er zu den Steinen griff, um den Neubau zu zerstören, lauschte er erst einmal, was sich die Bauleute erzählten.

Wie in einigen anderen Orten Deutschlands bringt man in der einst mächtigen Hansestadt Lübeck den Bau einer Kirche mit dem Teufel und einem Wirts-

Die imposante St. Marienkirche

Hinab in den Ratskeller

haus zusammen. Der Leibhaftige vernahm, wie ein Handwerker zum anderen sagte, dass es nach Vollendung des Hauses ein großes Gedränge geben werde. Keiner wolle fehlen.

Für den Bösen wiederum gab es nur ein Haus auf Erden, in das die Menschen freiwillig strömten: das Wirtshaus. Solche Gebäude mochte er, sorgten sie doch dafür, dass ihm neue Seelen zugeführt wurden. War nicht schon der Suff Sünde allein, kamen im Rausch oft noch andere Vergehen dazu. In der Annahme, hier entstehe eine Wirtsstube, rieb sich Luzifer vor Freude die Hände, spuckte in dieselben und half beim Bau. Schneller, als der Baumeister dachte, gingen die Arbeiten voran und das Vorhaben gelang. Manches Mal wunderte sich der Teufel über die Ausführung, doch fragte er nicht nach und half fleißig weiter mit. Bis zu dem Tag, an dem die Handwerker eine Kuppel als Dach auf das Bauwerk setzten. »Verdammt!«, rief er, griff sich einen dicken Stein und wollte die Kirche zerstören.

Das Bronze-Teufelchen vor St. Marien

Höhnisch ließ er die Bauleute wissen, dass er das fast fertige Gotteshaus zerschlagen werde, und hob drohend den Stein in die Höhe. Ein Handwerker aber sprach, der Herr Teufel möge ein wenig Geduld haben. Gleich neben der Kirche entstehe als nächstes tatsächlich ein Wirtshaus. Siehe da, Luzifer glaubte es, legte den Stein beiseite und ging. Ob der Teufel zurückkehrte? Gewiss, und zwar spätestens mit Eröffnung des Ratskellers, der direkt neben der Marienkirche gebaut wurde. Der Stein liegt immer noch an der Fassade. Die Furchen in der Oberfläche zeugen von den Krallen Satans.

Wer dem Bronze-Teufelchen, der auf dem Teufelsstein sitzt, an die Hörner fasst, und das machen wirklich viele Menschen, soll Glück haben und den Bösen besänftigen – verspricht die Lübecker Tourismus-Werbung. Schaden kann es in jedem Fall nicht.

Info **69**

Die **Bronzeskulptur** sitzt auf dem Teufelsstein im Marienkirchhof in Lübeck.

Vom Popeln und Pinkeln

Der Faun- oder Teufelsbrunnen im Magdeburger Stadtzentrum

Popeln schickt sich nicht. Wer popelt, muss sich maßregeln lassen. Wer darunter leidet, weil er gern popelt, weil es für ihn zum Leben dazugehört, der wird in Magdeburg seine Freude haben. Denn dort gibt es ein Kunstwerk, auf dem ein Teufelchen sitzt und nach Herzenslust in der Nase bohrt. In Magdeburgs kleinster Fußgängerzone steht der Faunbrunnen, im Volksmund seit seiner Aufstellung im Juni 1986 Teufelsbrunnen genannt. Ein großer Kessel bildet die Mitte des Kunstwerks. Heraus schauen allerlei kleine gehörnte Wesen. Eines dieser Teufelchen hängt über dem Rand, schaut selbstvergessen in die Ferne und bohrt mit dem linken Zeigerfinger in der Nase.

Was kümmert es ihn, was die Leute denken? Vielleicht nehmen sie sein Gepopel nicht ernst, weil man einen Teufel ohnehin nicht erziehen kann. Ringsherum hangeln, baumeln und klettern weitere kecke Gestalten, strecken die Zungen raus, spucken und schämen sich nicht im Geringsten, dass ihr Gemächt

Seit 1986 steht der Teufelsbrunnen mitten in Magdeburg

Spuckende und popelnde Teufelchen

zu sehen ist. Auch andere Wesen sind dabei, Schlange, Fisch und Ziegenbock etwa. Insgesamt 22 Figuren sind auf dem Kesselrand platziert. In den wärmeren Monaten sprudelt das Wasser des Brunnen aus vielen Mündern und Nasen.

Die Arbeit an dem Kunstwerk hatte der Magdeburger Künstler Heinrich Apel bereits 1976 aufgenommen. »Ein Kessel Buntes« sollte der Brunnen zuerst heißen, »wie die bekannte Fernseh-Sendung«, sagt Apel. Er wollte mit diesem Titel eine gewisse Vielseitigkeit ausdrücken. Als das gute Stück zehn Jahre später enthüllt wurde, war dieser Titel auf unerklärliche Weise verschwunden.

Doch »Faunbrunnen«, wie das Wasserspiel nun offiziell hieß, zündete bei den Magdeburgern erst recht nicht. »Wahrscheinlich können die Leute mit dem Faun oder Pan nichts anfangen«, vermutet der Künstler. Gehörnte Wesen sind als Teufel eben besser bekannt – also wurde daraus ein »Teufelsbrunnen«. Doch das stört nun Künstler Heinrich Apel, der den Magdeburger Eulenspiegelbrunnen und viele weitere Werke in Sachsen-Anhalt geschaffen hat, überhaupt nicht.

Hauptsache, man nimmt seine Arbeit wahr. Dies in Ruhe und mit Muße zu tun, lohnt sich in jedem Fall. Es gibt viel zu entdecken, und vielleicht freuen sich ebenso die Hunde, dass ein Mensch hier auch ihnen ein besonderes Denkmal gesetzt hat, statt über ihr Gepinkel und Gekacke zu meckern: Am Sockel des Kessels hebt ein Bronze-Hund genüsslich das Bein.

Info **70**

Der **Faun- oder Teufelsbrunnen** ist in der Leiterstraße in Magdeburg zu finden.

Der Groll des Bösen währet ewiglich

Der Teufelsfluch über der Katharinenkirche in Magdeburg

Weil die im Krieg schwer beschädigte Katharinenkirche in Magdeburg der Stadtplanung der hiesigen Staatsorgane im Wege stand, riss man ihre Reste im Jahr 1966 ab. Doch das alte Hauptportal bewahrte man auf. Ende Oktober 2016 wurde es wieder aufgestellt. Dagegen konnte nicht einmal der Teufel etwas ausrichten, und dessen Fluch hatte im Laufe der Jahrhunderte wahrlich viel Unheil über die Kirche gebracht.

Dabei hätte man nur Satan gewähren lassen sollen, als dieser einen Leichnam exhumieren und aus St. Katharinen mitnehmen wollte. Dort ruhten die Gebeine eines Tatarenkönigs, der sich zum christlichen Glauben bekannt und in dieser Kirche hatte taufen lassen. Hinter dem Titel »Tatarenkönig« steckte das Oberhaupt eines Sinti- oder Roma-Clans. Über ihn heißt es in der Magdeburger Schöppenchronik von 1516: »Im jar 1515 sontags Jubilate schlug das wetter hir den Tattern irhen konig todt, graff Wilhelm von Rosenberge von ihne genant, und ist in s. Catharinen kirchen begraben.«

Das Katharinenportal wurde 2016 wieder aufgestellt

Dieser vom Blitz erschlagene Wilhelm von Rosenberg bot Stoff für eine Sage, die sein Schicksal eng mit dem der Katharinenkirche verbindet. Demnach war der Clan-Chef mit dem Magdeburger Ratsmann Melchior Teufel befreundet. Dieser Ratsmann soll Rosenberg zur Taufe bewogen haben. Als Rosenberg durch Blitzeinschlag starb, wurde er in seiner Taufkirche beigesetzt. Eines Abends trat ein dunkler Gesell ein: Er komme aus der Hölle, Rosenberg habe ihn geschickt, damit er die Leiche aus St. Katharinen fortbringe. Andernfalls finde der Geist des alten Clan-Chefs keine Ruhe und habe »die Kirche nur Gefahren und Unglück zu bestehen«, heißt es im Magdeburger Sagenbuch von 1847.

Ratsmann Teufel lachte nur. Und so nahm das Schicksal seinen Lauf. 1521 schlug der Blitz in einen der beiden Türme von St. Katharinen ein, 1538 »fiel in Magdeburg so viel Feuer vom Himmel, dass man fürchtete, es werde alles von den Flammen verzehrt«. Ostern 1613 kam es zu einem großen Stadtbrand, der auch St. Katharinen schwer beschädigte. Verursacher soll ein Bürger namens Teufel gewesen sein, der einen Karren voller Stroh unsachgemäß neben einem Herd abgestellt hatte. In der Sage wird aus diesem Teufel ein Nachfahre des Ratsmannes Melchior. Mit der Hinrichtung des vermeintlichen Brandstifters endet die Sage.

Die Katharinenkirche, um 1930

Die Wirklichkeit – und damit das Unheil, das der Kirche widerfuhr – aber ging weiter. 1630 blies ein Sturm eine Turmspitze herunter. Im Mai 1631, im Dreißigjährigen Krieg, töteten die Truppen des katholischen Feldherrn Tilly in der Kirche 53 Menschen, vor allem Frauen. Außerdem geriet die Kirche in Brand. 1653 brach der notdürftig instand gesetzte Nordturm ein. Es folgten weitere Feuer und Einstürze. Immer wieder bauten die Gemeindeglieder alles auf. Beim Bombardement am 28. September 1944 brannte die Kirche aus. Die Ruine wurde zu DDR-Zeiten entsorgt. In den Augen mancher Christen waren die DDR-Oberen die wahren Teufel.

Info **71**

Das **Katharinenportal** steht auf dem Breiten Weg 31 in Magdeburg neben dem »Haus der Lehrer«.

Zur Hölle mit der Geschichte

Das Ringen um den Erhalt der Mannheimer Teufelsbrücke

Wer es diabolisch mag, kann sich in der Industriestadt Mannheim am Rhein, drittgrößte Stadt in Baden-Württemberg, bei einem Gang über die Teufelsbrücke höllisch erfreuen. Hier im Dreiländereck zu Hessen und Rheinland-Pfalz und ganz in der Nähe des Rheins erinnert die Teufelsbrücke an das frühe Industriezeitalter in Deutschland wie keine zweite weit und breit.

Die Teufelsbrücke ist die mittlere von drei beweglichen Brücken über einen Kanal, der im Jahr 1874 gebaut wurde und den Rhein mit dem Neckar verbindet. Der Kanal, der in der Mitte rechtwinklig abknickt, ist ein Hafenbecken im Handelshafen der Stadt, gelegen zwischen dem Stadtteil Jungbusch und der Mühlauinsel. Die Brücken wurden von 1874 bis 1878 errichtet, in einer Zeit, in der die deutsche Industrie nach der Reichsgründung mächtig Fahrt aufgenommen hatte.

In den Jahren 1902 und 1903 erhielt die Brücke einen neuen Überbau aus Blechträgern, für die Drehtechnik gab es einen neuen Antrieb. Wegen seiner Bedeutung stellte man das Bauwerk 1972 unter Denkmalschutz. Weil der Zahn

Die Teufelsbrücke gehört zu den besonderen Industriedenkmalen in Deutschland

der Zeit mächtig am Metall nagte, dürfen seit 2004 nur noch Fußgänger die Brücke überqueren.

Die Durchfahrt ist für die meisten Schiffe mittlerweile zu schmal geworden. Seit mehr als 40 Jahren wird die Drehbrücke nicht mehr bewegt. Umwege für die Schiffe, Behinderungen für den Containerverkehr durch die Sanierung beziehungsweise den notwendigen Umbau und die Unterhaltung zweier beweglicher Brücken wollte man sich ersparen. Der Staatlichen Hafengesellschaft wäre es deshalb am liebsten gewesen, die Teufelsbrücke einfach zur Hölle fahren zu lassen.

Das marode Maschinenhäuschen

Doch gegen den Abriss hatte sich in Mannheim eine beachtliche Bewegung gebildet. Es waren viele Anwohner darunter, die weitere Wege durch die Stadt gehabt hätten, wenn die Brücke ersatzlos verschwunden wäre. Nicht wenige Mannheimer wollten sie als Denkmal bewahrt wissen. Mit Erfolg: 2015 wurde dieses einzigartige Zeugnis der Industriekultur des 19. Jahrhunderts saniert. Allerdings hielten sich die Arbeiten in einem gewissen Rahmen: Auf beiden Seiten des Kanals wurden die Auskragungen an der Brücke mit den Gehwegen entfernt. Das Mauerwerk erhielt einen sandsteinfarbenen Betonabschluss. Das neue Geländer mutet zwar historisch an, ihm fehlen aber die Jugendstilornamente der ursprünglichen Brücke. Das Maschinenhäuschen sanierte man nicht, sein Dach ist weiterhin morsch und undicht.

Und was hat der Teufel von all diesem Hickhack? Ihm kann es doch nur recht sein, wenn sich die Menschen seinetwegen streiten. Warum dieses Bauwerk den satanischen Namen trägt, ist ungewiss. In der Pressestelle der Stadtverwaltung weiß man zumindest, dass der Volksmund schon seit mehr als 100 Jahren diesen Begriff gebraucht. Sicher ist, dass der langjährige Ministerpräsident Erwin Teufel, der von 1991 bis 2005 an der Spitze von Baden-Württemberg stand, seine Hände nicht im Spiel hatte.

Info 72

Die **Teufelsbrücke** erreicht man in Mannheim über die Verlängerte Jungbuschstraße.

Misstraue nie einem gutherzigen Weibe

Warum der Teufel einen Mayener Kirchturm verdreht hat

Der Blick auf den Turm der St. Clemens-Kirche in Mayen kann bei einer Paartherapie helfen. Weil der Turm schief ist, gut 1,70 Meter aus dem Lot geraten? Nein, weil er in sich verdreht ist. So hat ihn der Teufel geformt, als ihm klar war, dass er ein Ehepaar nicht entzweien kann, das fest zueinandersteht. Und das einander vertraut.

Aber der Reihe nach: Fakt ist, dass der schmale, spitze Turm der Kirche schief und verdreht ist. Eine Sage berichtet, dass die Bauleute den Bösen an der Nase herumgeführt haben, als sie das Gotteshaus in dem Städtchen in der Vulkaneifel errichteten. Inkognito hatte Luzifer erkundet, was dort entstehen sollte. Die Bauleute bemerkten, wer da fragte, und schwindelten: Dies werde ein Tanzsaal samt Wirtshaus. Solche Häuser mochte der Leibhaftige, weil sie ihm reichlich Seelen brachten. Also ließ er die Maurer und Zimmerer in Ruhe arbeiten. Wie er aber Monate später erkannte, dass man ihn veräppelt hatte, packte der Teufel den Turm und wollte ihn ausreißen und zerschmettern. Doch er zog und zerrte daran, wand und drehte die Spitze. Bald begriff er, dass er nichts ausrichten konnte und brauste davon.

Tatsächlich soll es die Kirchengemeinde selbst gewesen sein, die sich eine spiralförmige Kappe auf den nördlichen Westturm setzen ließ. Doch es schlich sich ein Konstruktionsfehler ein, der am Ende für die leichte Neigung des Turmes sorgte.

In den »Sagen und Legenden aus der Eifel« von Hans-Peter Pracht findet sich eine andere Erklärung für den bemerkenswerten Turmaufsatz. Danach lebte auf der Genovevaburg in Mayen eine herzensgute Gräfin, die Mitleid mit den Armen hatte. Also versuchte sie, die Not der Menschen in Mayen zu lindern. Dem Grafen gefiel solches Gebaren gut. Luzifer hingegen überhaupt nicht. Irgendwann und irgendwie gelang es ihm, die Saat des Misstrauens beim Grafen zu legen. Mit Erfolg: Schließlich verbot der Graf seinem Weib, die Hungerleider zu versorgen. Eines Tages wollte er sie ertappen, wie sie wieder etwas in die Stadt hinunterbrachte. Er fragte ungehalten, was sie unter der Schürze trage. Ob es Einschüchterung oder Eingebung war – die Gräfin erwiderte leise: »Ich trage nur Blumen bei mir.« Als der zornige Graf daraufhin Weibes Schürze zurückschlug, fielen Blumen herunter. Da kam der Grafen mit einem Mal zur Besinnung. Er bat seine Frau um Verzeihung, trat mit ihr in die Clemenskirche,

Der schiefe Turm von Mayen, um 1925

um Vergebung zu erbitten, und versprach, hernach zu helfen, die Armen zu speisen. Wie der Teufel dies sah, stieg er wütend in die Luft empor, packte die Spitze des Kirchturms, ließ seinen ganzen Zorn daran aus und flog auf und davon. Allein deshalb, sagt man, sei der Turm gewunden und schief.

Man hat ihn bis heute so belassen, zum Wahrzeichen Mayens erklärt und nach der schweren Beschädigung im Zweiten Weltkrieg genauso verdreht und schief wieder aufgebaut, »als warnende Erinnerung für Eheleute«, schließt diese Sage, »die einander misstrauen«.

Info **73**

Die **St. Clemens-Kirche** steht in der Kirchgasse in Mayen, Landkreis Mayen-Koblenz.

Vom Pfäfflein und der Teufelswurst

In Mechtshausen hinterließ Wilhelm Busch einen diabolischen Gruß

Max und Moritz tot? Fein geschrotet und in Stücken? Von Meister Müllers Federvieh verzehrt? Von wegen. An einer Kreuzung vor der Kirche mitten in Mechtshausen bei Seesen am Harz, da stehen sie und leiten die Leute. Moritz weist den Weg zum Wilhelm-Busch-Museum, Max zeigt zum Grab seines Schöpfers. Zwar sind sie aus Bronze gegossen, aber sie erscheinen so lebendig, wie sie Busch vor mehr als 150 Jahren in die Welt gesetzt hat.

Die Böse-Buben-Streiche, teils abgekupfert von Till Eulenspiegel, teils gewürzt mit Jugenderinnerungen, haben Wilhelm Busch (1832–1908) ewigen Ruhm beschert. Die fromme Helene, der Virtuose, Hans Huckebein, zahlreiche Gemälde und unzählige Gedichte des bedeutenden Schriftstellers und Zeichners treten dahinter zurück. Da wundert es nicht, wenn man in dem Mechtshäuser Museum keine Spur von dem Busch-Fünfzehn-Zeiler zur »Teufelswurst« entdecken kann.

Wilhelm Busch verbrachte seine letzten Lebensjahre in Mechtshausen

Im Jahr 1898 zog Wilhelm Busch zu seinem Neffen, der gerade Pfarrer in Mechtshausen geworden war. Dort sollte Busch zehn Jahre später sterben und seine letzte Ruhestätte finden. In diesem Lebensabschnitt zeichnete und malte er nicht, aber hier, in seiner »stillen Ecke, gleich links von der Welt«, wie Busch den Ort und die Landschaft nannte, schrieb er noch. Eine Sammlung dieser Texte, 100 sind es, kam 1904 unter dem Titel »Zu guter Letzt« heraus. Darunter findet sich die »Teufelswurst«:

Das Pfäfflein saß beim Frühstücksschmaus.// Er schaut und zieht die Stirne kraus.// »Wer«, fragt er, »hat die Wurst gebracht?«// Die Köchin sprach: »Es war die Liese,// Die Alte von der Gänsewiese.«// »Drum«, rief er, »sah ich in letzter Nacht,«// Wie durch die Luft in feurigem Bogen// Das Böse in ihren Schlot geflogen.// Verdammte Hex,// Ich riech', ich schmeck's.// Der Teufel hat die Wurst gemacht.// Spitz, da geh her!« – Der Hund nicht faul,// verzehrt die Wurst und leckt das Maul.// Er nimmt das Gute, ohne zu fragen,// Ob's Beelzebub unter dem Schwanz getragen.

Max und Moritz, in Bronze gegossen

Im alten Pfarrhaus sitzt schon lange kein Pfäfflein mehr an einem Frühstückstisch. Seit dem Auszug des letzten Pfarrers kann der Förderverein, der bislang die beiden original eingerichteten Busch-Räume im Obergeschoss betreut hatte, auch das Parterre für die Ausstellung nutzen. Schon zu Buschs Lebzeiten war das Pfarrhaus mit Strom und fließendem Wasser ausgestattet. Doch der alte Herr traute der Moderne und einer Badewanne nicht. Er wusch sich wie gewohnt – mit Schüssel und Wasserkanne auf seinem Zimmer. Unter dem Bett, in dem Busch starb, steht noch der Nachttopf. Er ist sauber.

Info **74**

Das **Wilhelm-Busch-Museum** liegt im Pastor-Nöldeke-Weg 7 in Seesen, Ortsteil Mechtshausen, Landkreis Goslar.

Mit dem Bösen im Bunde

Ein Pfarrer im friesischen Medelby war des Teufels Schüler

Im hohen Norden Deutschlands soll Luzifer einst gelehrige Schüler gehabt haben. Und nicht irgendwelche: In Medelby bei Flensburg unterrichtete er nämlich angehende Priester. »Jeder, der in der schwarzen Schule gewesen ist, hat Macht über die Geister, und versteht sich besonders auf das Bannen der Wiedergänger und Gespenster.« So heißt es in Karl Müllenhoffs 1845 erschienen »Sagen, Märchen und Lieder der Herzogtümer Schleswig, Holstein und Lauenburg«. In dieser Mär betritt »ein Pastor Fabricius in Medelby« die Bühne. Unter allen diabolischen Zöglingen war er ein besonders geschickter. Einmal zwang er mit seiner Geisteskraft einen Jungen, der im Pfarrgarten Äpfel stehlen wollte, so lange im Baum sitzen zu bleiben, bis er ihn befreite. Dann erschreckte Fabricius beim Gottesdienst die Gemeinde, als er auf das Kanzelkissen schlug und »Halt!« rief. Als die Leute später aus der Kirche traten, stand ein Mann wie angewurzelt davor. Er trug einen Sack voll Gras, das er im Kirchhof geschnitten hatte und entwenden wollte.

Die St. Matthäus-Kirche in Medelby bei Flensburg

Nun wollte Satan auch Seelen ernten. Aber Fabricius war schlauer. Er achtete darauf, dass er nie mehr als ein Strumpfband umlegte. Andernfalls, dass hatte er gelernt, würde ihn Luzifer zu sich holen. Der Teufel plagte sogar das Mädchen, das des Pfarrers Strümpfe strickte, als Floh, damit es sich beim Stricken vertat und die Strümpfe zu weit gerieten. Doch auch auf diesen Trick fiel der Geistliche nicht herein. Ob es sich bei dem literarisch ausgeschmückten Pfarrer um den historisch verbürgten Laurentius Fabricius (1686–1765) handelt, der in der St. Matthäus-Kirche in Medelby von 1714 bis 1764 die Geschicke leitete, ist nicht erwiesen.

Protest gegen die geplante Kohlendioxid-Speicherung

Nicht mit der Kraft satanischer Gedanken, dafür mithilfe einer komplizierten Technologie wollten Experten in oder um Medelby Teufelszeug tief unter die Erde pressen und dort bis in alle Ewigkeit bannen. CCS nennt sich das Verfahren zum »Auffangen und unterirdischen Speichern von Kohlendioxid«. Der Energieriese RWE hatte die Gemeinde an der Grenze nach Dänemark im Jahre 2009 zum Messgebiet erklärt. Die Einheimischen liefen Sturm gegen das höchst umstrittene Vorhaben und die risikoreiche Technologie. Nicht allein, dass ihr wirtschaftlicher Nutzen ernsthaft infrage gestellt wurde, Forscher warnen auch vor möglichen Erdbeben, wenn durch das Einpressen des Kohlendioxids Porendruck entsteht.

Der Widerstand hat sich gelohnt. Die Protestbewegung mit ihren 2 500 Engagierten war Anfang 2017 sicher, das CCS-Vorhaben vor ihrer Haustür sei vom Tisch. Die Freude währte nicht lang, »da hatten wir das nächste Problem«, berichtet Dieter Kummerfeld von der Bürgerinitiative. Ölsuche mittels Fracking stand an. »Doch auch dieser Kampf war erfolgreich.« Mal sehen, wann Luzifer mit der nächsten Idee um die Ecke schaut.

Info **75**

Die **St. Matthäus-Kirche** liegt in der Norderstraße 12 in Medelby, Landkreis Schleswig-Flensburg.

Wenn der Böse Zwietracht sät

Der alte Schlüsselstein bei Mellrichstadt

Die Schlüsselgewalt hat im unterfränkischen Mellrichstadt ihre ganz eigene Bedeutung. Man sagt, dereinst hätten sich zwei Pfarrersköchinnen dermaßen verkracht, dass sie sich mit ihren Schlüsselbunden erschlagen hatten. Und alles nur, weil Luzifer nicht leiden konnte, dass sich die beiden Frauen sehr zugetan waren.

Was ist wahr an dieser Geschichte, die bei Ludwig Wucke in der Sagensammlung von der mittleren Werra, der hohen Rhön und der fränkischen Saale von 1864 zu finden ist? Dort, wo sich die Frauen gegenseitig vor ihren Schöpfer treten ließen, steht ein steinernes Gedenkkreuz. Man nennt es das »Schlüsselkreuz«, da im Kopfteil des etwa ein mal ein Meter großen Kreuzes Schlüssel eingemeißelt worden sind. In der Tat handelt es sich um ein recht abstrakt dargestelltes Bund mit mehreren Schlüsseln.

»Vor einigen Hundert Jahren«, heißt es in der Sage, »lebten zu Mellrichstadt zwei Pfarrerköchinnen in innigster Freundschaft. Das hatte der Teufel lange

Das kleine Schlüsselkreuz neben dem Hochkreuz außerhalb der Stadt

genug mitangesehen. Er wurde des freundschaftlichen Verhältnisses endlich müde und schickte den beiden die Eifersucht auf den Hals.« Luzifer blies und schürte die Eifersucht so lange, bis das unheimliche Feuer lichterloh brannte.

Eines Tages gingen die beiden Köchinnen, »den Schlüsselbund an der Hüfte und Gift und Galle im Herzen«, von Mellrichstadt in Richtung Hendungen. »Doch kaum waren sie aus der Stadt hinaus getreten, so brach der lang verhaltene Grimm los.« Erst beschimpften sie sich, dann schwangen sie ihre Schlüsselbunde, schließlich schlugen sie mit dem schweren Metall aufeinander ein. »Bis beide an der Stelle, wo dann jenes Gedenkkreuzlein auf dem gemeinsamen Grabe errichtet wurde, tot zu Boden stürzen«, erzählt die Sage. Der Teufel, wenn man ihn denn wahrhaben wollte, hatte ganze Arbeit geleistet und zwei Seelen in sein Reich führen können.

Der Abdruck des Schlüsselbundes

Denkbar ist, dass die Sage nur erdacht wurde, um die Herkunft der Schlüssel auf dem Stein zu erklären. Möglicherweise verweist der Stein nämlich auf ein anderes Ereignis. In der Heimatliteratur findet man den Hinweis auf die Ermordung eines Pfarrers durch einen Räuber im Jahr 1626. Und an diese Tat erinnere der Stein, heißt es, der ursprünglich ein Stück entfernt vom jetzigen Ort zu finden war.

Aber so ist es mit den Gedenk- oder Sühnenkreuzen. Wenn nichts überliefert oder das Überlieferte verschollen ist, dann bleibt den Nachgeborenen nichts anderes übrig, als sich selbst einen Reim darauf zu machen. Das kann man in Mellrichstadt, das 28 Jahre auf bayrischer Seite im Schatten der innerdeutschen Grenze lag, zur Genüge tun. Dort findet man insgesamt vier solche Steinkreuze.

Info **76**

Das **Schlüsselkreuz** steht am Rand von Mellrichstadt, Landkreis Rhön-Grabfeld, neben einem Hochkreuz an einem Aussiedlerhof.

Diabolischer Luftsprung

Warum der Teufel einen Abdruck in der Münchner Frauenkirche hinterließ

Der Dom zu Unserer Lieben Frau in der Münchner Altstadt, besser bekannt als die Frauenkirche, ist eine hohe, helle Halle, freundlich und offen. Achteckige Säulen tragen das Gewölbe, das sich dem Sternenhimmel gleich über die Menschen spannt. Die Raumwirkung ist beeindruckend. Es ist die größte Backsteinkirche nördlich der Alpen. Und doch gab es eine Zeit, in der sich der Fürst der Finsternis in diesem Gotteshaus so wohl gefühlt hat, dass er vor überschwänglicher Begeisterung in die Höhe sprang. Als Luzifer wieder aufkam, hinterließ er mit seinem Fuß einen Abdruck im Boden. Diesen Abdruck sieht man bis heute, wenn man das Münchner Wahrzeichen durch die Vorhalle betritt.

Es ist ein rechter Fußabdruck, Schuhgröße 41, mit einem ausgewachsenen Sporn an der Ferse. An dieser Stelle, erzählt eine in München gut gepflegte Sage, habe der Teufel den Eindruck gewonnen, dass sein Werk gelungen und die Kirche ohne Fenster errichtet worden sei. Eine Variante der Sage berichtet vom Gottseibeiuns, der sich angesichts des Neubaus dieser Kirche im späten 15. Jahrhundert über die Christen geärgert habe. Wie andernorts auch wollte er das Gotteshaus bei Gelegenheit zerstören.

Die Kirche war gerade fertiggestellt, da schlich Satan hinein – und sah Finsternis. Die Christen hatten wohl vergessen, Fenster einzubauen, meinte der Böse und freute sich so sehr, dass er vor Begeisterung einen Luftsprung tat. Tatsächlich: Von der Stelle aus, wo heute noch der Teufelstritt im Boden zu sehen ist, konnte niemand ein Fenster sehen – jedenfalls nicht in der Zeit zwischen 1620 und etwa 1860. Im 17. Jahrhundert hatte die Frauenkirche nämlich einen barocken Schliff bekommen. Dabei baute man einen wuchtigen Hochaltar und einen Bogen ein, und eben jene versperrten dem eintretenden Besucher genau an dieser Stelle den Blick auf die Fenster. Man sah nur Säulen.

Diese Zeiten sind vorbei. Mit der Neogotisierung der Kirche ab dem Jahr 1860 verschwanden der Hochaltar und der Bogen wieder. Seither kann die Kirche als großer, weiter Raum ihre Wirkung auf die Menschen wieder frei entfalten. Dafür lässt sich der Ursprung der Sage zeitlich einigermaßen einordnen.

Kaum auf dem Boden angekommen, trat der Teufel doch noch ein paar Schritte in das Kirchenschiff hinein – und sah, dass er sich geirrt hatte und die Christen nicht so dumm waren, wie er meinte. Oh, da wurde der Leibhaftige richtig wütend. Heulend vor Zorn hob er ab, fegte aus der Kirche hinaus und

Die Frauenkirche im Herzen von München, um 1910

sauste voller Gram um das Bauwerk herum. Das tut er auch heute noch. Um die Frauenkirche weht tatsächlich auffallend oft ein ziemlich frischer Wind. Dass dies natürliche Gründe haben könnte, die sich physikalisch rasch erklären ließen, glauben doch nur langweilige Aufklärer.

Info **77**

Die **Frauenkirche** befindet sich am Frauenplatz 1 in München.

Ab ins Bett, sonst holt dich der Nachtkrabb

Der Waldrapp und die Teufelsmauer bei Murrhardt in Schwaben

Kein Wunder, dass sich die Kinder fürchten. »Wenn du jetzt nicht ins Bett gehst, holt dich der Nachtkrabb«, drohten die Großen, und schon waren die Kleinen unter der Bettdecke verschwunden. Der Nachtkrabb ist eine dunkle, gefiederte Gestalt mit kahlem Schädel und langem, krummem Schnabel. In Murrhardt, im Herzen des schwäbisch-fränkischen Waldes, ist der Nachtkrabb »die wohl bekannteste Einzel- und Symbolfigur der Narrenzunft«, verkündet die Narrenzunft Murrhardt. Das allein jagt Kindern noch keinen Schrecken ein.

Vielmehr dieses: Bei Murrhardt im Wald liegt die Teufelsmauer. Und dort, an diesem unheilsvollen Ort, habe der Waldrapp oder Schopfibis, der sich hinter dem Nachtkrabb verbirgt, gelebt und sein Nest gehabt. Dorthin habe er die Kinder verschleppt, die abends nicht ins Bett wollten. Dass diese Vögel, die in der Sagen- und Märchenwelt gern in die Nähe von Eulen und Raben gestellt werden, seit bald 400 Jahren in Deutschland ausgestorben sind, hat sich offensichtlich noch nicht in allen Kinderzimmern herumgesprochen.

Die Teufelsmauer im Wald bei Murrhardt

Aber man kann ja nie wissen, und in Bayern laufen erste Versuche, den Waldrapp wieder auszuwildern. Außerdem ist es schon an der Teufelsmauer oberhalb der Alm-Siedlung und etwa eineinhalb Kilometer östlich von Murrhardt nicht ganz geheuer. Für die sachlichen Geologen ist diese Mauer »eine alte Großschollenrutschung mit terrassiertem Hanggelände und deutlichem bergwärtigen Einfallen der Oberflächen einzelner Rutschschollen«. Kurz: Hier ist einiges ordentlich durcheinandergerutscht und übereinandergeschoben worden.

Ein Waldrapp oder Schopfibis

Das war Mutter Natur, sagen die Naturwissenschaftler. Das war der liebe Gott, sagen fromme Christen. Das war der Teufel, meinen die Leute, die es spannender machen wollen oder dem Aberglauben der Vorväter folgen. Demnach habe der Teufel einst Gott um ein Stück Land gebeten. Nur so viel, dass es der dunkle Fürst in einer Nacht mit einer Mauer und einem Graben umfassen könne. Gott stimmte zu, und da machte sich Luzifer schon mit seinen Burschen ans Werk, alle in Gestalt von Wildschweinen. Sie schufteten ohne Unterlass, schleppten Steine herbei und hoben den Graben aus.

Doch es sollte nicht gelingen. Als der erste Hahn krähte, war das Werk des Teufels noch nicht beendet. Wütend warf Satan die Steine umher und riss ein, was er mit seinen Kumpanen geschaffen hatte. Zurück blieb das große Durcheinander. Seit 1979 steht es unter Naturschutz.

Nicht im Wald, aber im Ort kann man sich ein Bild vom Waldrapp machen. Das Carl-Schweizer-Museum in Murrhardt zeigt eine Landschaft mit präparierten Tieren. Eine kleine Schar dieser tiefschwarzen Vögel mit dem markanten roten Schnabel ist darunter.

Info **78**

Die **Teufelsmauer** ist vom Wanderparkplatz am Ende des Linderstweges aus in gut 15 Minuten zu Fuß erreichbar. Das **Carl-Schweizer-Museum** liegt in der Seegasse 36 in Murrhardt, Landkreis Rems-Murr-Kreis.

Bis Dir der Teufel nicht mehr dienen will

Der Junker-Hansen-Turm im mittelhessischen Neustadt

Carl Braun war Jesuit und Astronom. Beides aus voller Überzeugung und ohne Konsequenzen ziehen zu müssen. 1831 im hessischen Neustadt geboren, konnte Braun Glauben und Sternenforschung unter einen Hut bringen. Wenige Jahrhunderte vor ihm galten derlei Wissenschaften als Teufelszeug. Wehe dem, der es wagte, die Erde um die Sonne kreisen zu lassen und mit kosmischen Erklärungen an der Schöpfungsgeschichte herumzudeuteln. Galileo Galilei konnte davon ein – schmerzhaftes und trauriges – Lied singen.

Als Braun das Licht der Welt erblickte, prägte bereits lange ein Bauwerk das Stadtbild, das die Neustädter immer noch mit dem Teufel in Verbindung bringen – der Junker-Hansen-Turm. Schon optisch hebt sich das Bauwerk von seiner Umgebung im Osten des Landkreises Marburg-Biedenkopf ab. Er ist mehr als 50 Meter hoch, hat einen Durchmesser von 13 Metern, ist wuchtig und mit einem spitzen Dach versehen. Vier Erker hat man am Dach angebracht, ein jeder mit einem ähnlich spitzen Dach. Wer es superlativ mag: Der Junker-Hansen-Turm ist der größte Fachwerkrundbau der Welt, versichert die Stadtverwaltung. Man ist stolz auf sein Wahrzeichen.

In der Geschichte der Stadt heißt es, dass der Turm im Jahre 1480 errichtet wurde. An dieser Stelle waren zehn Jahre zuvor die Reste der alten Burg aus der Welt geschafft worden. Anfangs war der Turm Teil der städtischen Wehranlage, bei seiner Vollendung nutzte man ihn jedoch schon zu Wohnzwecken. Heute beherbergt der Turm eine historische Ausstellung und dient als Trauzimmer.

Die Sage erzählt, dass ganz Neustadt ein Werk des Leibhaftigen sei und der Mensch, dem der Teufel zu Diensten war, in dem bemerkenswerten Turm gelebt habe. Der hessische Hofmeister Hans von Dörnberg, kurz Junker Hans, besaß in der Gegend fünf Dörfer, die alle verstreut lagen. Doch was nützen Dörfer, wenn andere Leute Städte besitzen. Das wollte Junker Hans auch, und so befahl er dem Teufel, ihm eine Stadt zu bauen. Da der Junker seine Seele längst schon dem Leibhaftigen verschrieben hatte, konnte er von Luzifer verlangen, was er wollte.

Der Teufel gehorchte und baute Neustadt. Als Bleibe für den Junker schuf Satan einen festen Turm. Kräftige Baumstämme rammte der Böse in die Erde, damit er sicher stand. Oben im Turm waren auch die Pferde untergebracht. Damit die Tiere in den Stall hinaufkamen, wurden ihnen die Hufeisen verkehrt

Der Junkerturm stammt aus dem Jahr 1480

herum an die Hufen geschlagen. Heute schneidet man das Profil der Geländereifen gegen die Fahrtrichtung, damit Jeeps besser vorankommen.

Irgendwann hatte der Teufel keine Lust mehr, Junker Hans jeden Wunsch zu erfüllen, und wollte ihm die Seele zurückgeben. Doch davon wollte Hans nichts wissen. Dass der Turm erst mehr als 200 Jahre nach der urkundlichen Ersterwähnung des Städtchens gebaut wurde und damit der Sage einen gehörigen Faktenfehler unterstellt, davon will Luzifer bestimmt nichts wissen.

Info **79**

Der **Junker-Hansen-Turm** steht in der Hindenburgstraße 4 in Neustadt (Hessen), Landkreis Marburg-Biedenkopf.

Der Teufel hat den Schnaps gemacht

Wie der Branntwein nach Nordhausen kam

Woher der Schnaps kommt? Bechstein wusste es. Neben den Grimms gehört Ludwig Bechstein (1801–1860) zu den bedeutenden deutschen Sagen- und Märchensammlern. 1845 erschien sein »Deutsches Märchenbuch«. Gleich die sechste Geschichte erzählt »Der Teufel ist los oder das Märlein, wie der Teufel den Branntwein erfand«.

Der Böse hatte sich mit einem Menschen angelegt, der ihm überlegen war. Dieser überlistete ihn und setzte Luzifer in einer hohlen Buche fest. Hier hatte der Teufel Zeit nachzudenken und erfand vor lauter Langeweile den Branntwein. Spannend wird es, wenn es um die Frage geht, wie der ewige Verderber das hochprozentige Wasser zu den Menschen brachte. Hier verlässt die Geschichte die Märchenwelt und tritt ein in den Thüringer Sagenschatz, konkret nach Nordhausen.

Aufgrund seiner langen Abwesenheit aus der Hölle und weil er im Baume festsaß, waren inzwischen die Seelen aus der Unterwelt in den Himmel gezogen und niemand konnte neue verderbte Seelen zum Fegefeuer führen. Wie der

Auf dem Hof der Nordhäuser Brennerei

Teufel in die leere Hölle zurückkehrte, weil die Menschen besagte Buche gefällt und dabei aus Versehen Luzifer befreit hatten, sann er nach, wie er die Unterwelt wieder füllen könne, heißt es bei Bechstein weiter. Da fiel ihm der Branntwein ein. Bechstein erzählt: »Der Teufel ging nach Nordhausen und wurde ein Schnapsbrenner und machte Branntwein drein und drauf und schenkte ihn in die Welt hinein.«

Für die »Echte Nordhäuser Traditionsbrennerei« ist Bechsteins Text nicht bloß ein hübsches Märlein. »Einen historischen Beleg für diese Geschichte gibt es nicht«, wirbt die Brennerei, »doch die Tatsache, dass die Stadt Nordhausen weit über Deutschland hinaus für ihren Korn berühmt ist, spricht Bände.«

Die Brennereitechnik kann man besichtigen

Mit einigem Stolz verweist man darauf, dass bereits in einem Nordhäuser Schriftstück aus dem Jahr 1507 das »gebrannte Wasser« erwähnt wird. Darin sei es um die Besteuerung des edlen Tropfens gegangen. Keine 100 Jahre später »war das Brennereigewerbe ein ausgesprochen wichtiger Wirtschaftsfaktor für die Stadt Nordhausen«, berichtet die Brennerei-Homepage.

Laut Bechstein fanden die Nordhäuser Gefallen an der Brennerei: »Seit dieser Zeit schreibt sich's her, daß bis auf den heutigen Tag so viel Branntwein in Nordhausen gebrennt wird, wie an keinem anderen Orte in der ganzen Welt.« Und die Hölle? Satan hatte nun keine Mühe mehr, neue Seelen einzufangen. Ja sie fielen ihm förmlich zu, all die Leute, die sich dem Alkohol verschrieben hatten. »Es dauerte kein Jahr, da war die Hölle zu klein geworden und musste der Teufel anbauen lassen.«

Wer das kaum glauben will, kann es sich anhören. »Der Teufel hat den Schnaps gemacht« haben Udo Jürgens (1974) und die Gruppe Schandmaul (2014) gesungen. Soll keiner sagen, er wäre nicht gewarnt worden.

Info **80**

Die **»Echte Nordhäuser Traditionsbrennerei«** kann man besichtigen: Grimmelallee 11 in Nordhausen.

Die Hölle unter Tage

Das KZ Mittelbau-Dora im Kohnstein in Thüringen

Für Tausende Menschen lag die Hölle im Kohnstein, einem Berg zwischen Nordhausen und Ellrich im Norden Thüringens. Hierher hatte die deutsche Regierung 1943 die Produktion von Raketen verlegt, nachdem das Werk in Peenemünde an der Ostsee durch alliierte Bomben schwer beschädigt worden war. KZ-Insassen und andere Zwangsarbeiter mussten unter furchtbaren Bedingungen an den Waffen ihrer Peiniger arbeiten. Im Werk Mittelbau-Dora kamen Unzählige ums Leben. Gut eineinhalb Jahre bestand das Konzentrationslager Mittelbau, 60000 Häftlinge aus 48 Nationen mussten hier schuften, 20000 überlebten diese Hölle nicht.

Dass ausgerechnet diese Erhebung, 335 Meter über dem Meeresspiegel, für die Raketenproduktion ausgewählt wurde, war kein Zufall. Der Berg im Sulfatkarst des südlichen Harzvorlandes lag fernab der deutschen Staatsgrenzen und besaß ein Stollensystem. Bereits im Mittelalter wurden im Kohnstein wertvolle Steine abgebaut, darunter Alabaster. Für ihr Ammoniakwerk in Merseburg holte die Badische Anilin- und Sodafabrik (BASF) ab 1917 Sulfatgestein aus dem Berg.

Blick vom Burgberg auf Ellrich im Jahre 1890

Als der Abbau dieser Gesteine Mitte der 1930er Jahre nicht mehr wirtschaftlich war, wandte sich das Unternehmen an die Reichsregierung. Ihr Vorschlag: Zusammen mit dem Reichswirtschaftsministerium könne man die Förderung des Gesteins nun auch untertage durch Stollenvortrieb vorantreiben. Das System der unterirdischen Gänge sei geeignet, große Mengen Treibstoff für die Wirtschaft und das Militär einzulagern.

Das Ministerium griff zu. Im Sommer 1936 begannen 250 Fachkräfte mit den Arbeiten für ein Stollensystem. Bereits ein Jahr später bestanden zwei Fahrstollen, die durch zwölf Querstollen verbunden waren. Der Abbau des Minerals wurde durch diese Kooperation für die BASF rentabel. Das gewonnene Material ging wieder zur Verarbeitung nach Merseburg. Ab 1938 wurden Treibstoffe und andere Chemikalien eingelagert. Kein Wunder also, dass das Waffenwerk 1943 im Kohnstein rasch eingerichtet war.

Der Kohnstein, um 1930

Einer alten Sage nach hatte in eben jenem Berg einst der Teufel eine große Schatzkammer. Darin bewahrte er das Seelenbuch auf. In ihm waren die Namen jener Leute eingetragen, die sich in Nordhausen und den Südharz-Orten dem Bösen verschrieben hatten.

Die US-Armee befreite die Häftlinge des Konzentrationslagers am 11. April 1945. Zahlreiche Aufseher und Verantwortliche kamen vor Gericht und mussten für ihre Taten büßen. Der Plan, nach Kriegsende den Berg zu sprengen, misslang. Letztlich wurden nur die Zugänge verschlossen – bis kurz nach der Wende. Die Gedenkstätte Buchenwald, die die Gedenkstätte Mittelbau unterhält, dokumentiert eindringlich, zu welch teuflischen Taten Menschen fähig sein können.

Info **81**

Die **KZ-Gedenkstätte Mittelbau-Dora** liegt am Kohnsteinweg 20 in Nordhausen.

Warnung an alle Betrüger

Das Teufelsbrünnlein in Nürnberg

Mit Wasser kann man in Nürnberg die Menschen auf den rechten Weg bringen oder zurückführen, falls es nötig ist. Am Weißen Turm in der Innenstadt wandelt man staunend um das »Ehekarussell« herum. Es erzählt, wie es Männlein und Weiblein ergehen kann, wenn sie im Laufe ihrer Ehe nicht irgendwann die Kurve kriegen. Dann gehen sie sich im Alter an die Gurgel. Der Braunschweiger Bildhauer Jürgen Weber (1928–2007) hatte den Brunnen Ende der 1970er Jahre geschaffen und 1984 aufgebaut. In sechs großen Szenen erzählt er die Geschichte einer Ehe, wie sie der Nürnberger Meistersinger und Dramatiker Hans Sachs (1494–1576) geschrieben hat.

Schlendert man die verkehrsberuhigte Karolinenstraße hinauf, entdeckt man einige Meter links neben der Lorenzkirche den Tugendbrunnen, erschaffen zwischen 1584 und 1589. Er gemahnt die braven Christen, die sieben Tugenden niemals aus den Augen und dem Sinn zu verlieren.

Was geschehen kann, wenn man es mit der Wahrheit nicht so genau nimmt, erfährt man, wenn man sich umdreht und vor die Lorenzkirche tritt. Links neben dem Haupteingang, in eine Ecke an den Nordturm gedrängt, entdeckt der Staunende das Teufelsbrünnlein – geschaffen 1888 aus Sandstein nach einem Entwurf von Friedrich Wilhelm Wanderer (1840–1910). Seine eindeutigen Botschaften: Fluche nie! Und betrüge nie!

Eben dies hatte ein Junge getan, der auf dem Schulhof am Lorenzkirchplatz mit einem Schulkameraden gemurmelt hatte. Dieser »Schusserbou« (Murmeljunge) schummelte oft. Doch keiner kann so gut betrügen, dass es nicht doch irgendwann einmal auffallen würde. Jedenfalls bemerkte der Mitspieler, dass der Bursche nicht ehrlich war. Der Junge aber tat unschuldig. Er stritt jede Schummelei ab und rief als Zeugen den Leibhaftigen an: Wenn es nicht wahr sei, was er sage, meinte das Bürschlein, »dann soll mich doch der Teufel holen!« So erzählt es eine alte Nürnberger Sage.

Der Gottseibeiuns erschien prompt, packte den »Schusserbou«, der sich wand wie ein Aal, und drehte ihm den Hals um. Mit dem toten Schüler unter dem Arm rauschte Satan durch die Luft davon. Während dieses Fluges, heißt es in der Sage weiter, habe der Lügenbold seine Kappe verloren. Die Kopfbedeckung sei am Blitzableiter des Chordaches der Lorenzkirche hängengeblieben. Aus diesem Grund trage der Blechknauf auf dem Blitzableiter mit seiner ungewöhnlichen Form den Beinamen »Lausbubenkäpple«.

Die Lorenzkirche, um 1910

Der Teufel packt den »Schusserbou«

Die Darstellung dieses Zugriffs ist dem Künstler des Brunnens so gut gelungen, dass man nicht in der Haut des Bürschleins stecken möchte. Verzweifelt wehrt sich der Junge, er heult und zappelt – doch der Teufel hat ihn am Hals gepackt und fest im Griff.

Indirekt erinnert der kleine Brunnen auch an das Schulhaus des »Schusserbous«, das einst am Lorenzer Platz 3 stand. Das Gebäude wurde – wie so viele Häuser im Zentrum dieser Stadt – im Zweiten Weltkrieg im Zuge alliierter Bombenangriffe zerstört. Doch das ist ein anderes Werk des Teufels.

Info **82**

Die **Lorenzkirche** befindet sich an der König-/Ecke Karolinenstraße in Nürnberg.

Auf ein Tänzchen mit dem Teufel

Der mysteriöse Blutfleck im Herrenhaus Hoyerswort

Vorsicht vor flüchtigen Zornesausbrüchen! Wie gern möchte man jemanden an die Wand klatschen, weil er einem den letzten Nerv raubt. Soll es aber dem Delinquenten womöglich so ergehen wie jenem jungen Mädchen, dessen Blut bis heute auf mysteriöse Weise im Herrenhaus Hoyerswort klebt? Und das nur, weil es mit dem Teufel getanzt hat?

Es war einmal auf Eiderstedt, zwischen Heide und Husum, ein Mädchen, »welches weit und breit die flinkeste Tänzerin war und gar nicht vom Tanzen lassen konnte«, schrieb Karl Müllenhoff 1845 in seinen »Sagen, Märchen und Lieder der Herzogtümer Schleswig, Holstein und Lauenburg«. Die Mutter mahnte das Kind, die Sache nicht zu übertreiben. Doch das Mädchen spuckte keck in den Wind: »Und wenn der Teufel selbst mich zum Tanzen auffordern sollte, so schlüge ich es ihm nicht ab.«

Wie es sich für solche Geschichten gehört, betrat genau in diesem Augenblick ein Unbekannter die Tanzfläche und forderte das Mädchen zum Tanz auf. Runde um Runde drehte der Teufel mit ihr, wilder und wilder wurde es, »bis ihr

Das Herrenhaus im nordfriesischen Oldenswort

das Blut aus dem Munde brach und sie tot hinfiel«, so die Sage, »die Blutspuren im Saal sind unvertilgbar«. Nicht zu glauben? Und doch existiert ein roter Fleck im Saal des Herrenhauses Hoyerswort – mit Salpeter-Ausblühungen, gegen die kein neuerlicher Anstrich gefeit ist.

Bemerkenswert ist zudem, dass sich in der Nähe des Herrenhauses ein Grabstein findet, der an Margaretha Hans erinnert. Sie war am 25. Dezember 1614 im Alter von 18 Jahren gestorben. »Beharrlich hält sich in der Landschaft die Überlieferung, dass es sich bei Margaretha Hans um diese Tänzerin gehandelt hat«, notierte Ortschronist Hauke Koopmann 2008 in einem Beitrag über »Die Tänzerin von Hoyerswort«. Es sei denkbar, meint Koopmann weiter, dass das Mädchen »beim wilden, pausenlosen Tanz einem Herzschlag mit Blutsturz erlag und nach Atem ringend an der Wand lehnend zusammenbrach«.

Die Blutspur im Saal

Weiß der Teufel, wer irgendwann den Gottseibeiuns ins Spiel brachte. »In der Zeit um 1614 neigten die Vorfahren zu allerlei Hexenwahn und Schwarzkunst und so konnte leicht aus einem Ereignis ganz natürlicher Art eine Sage entstehen«, war der Ortschronist überzeugt. Außerdem geht die Mär ja noch weiter. Denn die Maid soll im Grabe keine Ruhe gefunden haben. Jede Nacht kehre sie aus dem Grab in den Tanzsaal zurück. Höllische Musik bricht los, sodass das ganze Schloss wackelt. Noch habe keiner gewagt, mit ihr zu tanzen. Erst wenn es ein guter Christenmensch dies tue, sei sie erlöst.

In dem Jahr des teuflischen Tanzes war Anna Ovena Hoyer (1584–1655) die Gattin des Herrn auf Hoyerswort. Als Dichterin hat sie zahlreiche literarische Spuren hinterlassen, insbesondere mit ihren kritischen, mitunter satirischen Schriften gegen die Geistlichkeit in ihrer holsteinischen Heimat. Die Sage von der Tänzerin und dem Teufel allerdings geht nicht auf ihr Konto.

Info **83**

Das **Herrenhaus Hoyerswort** in Oldenswort informiert in einem kleinen Museum über die Geschichte des Hauses.

Diabolische Bauwerke vor beeindruckender Kulisse

Der Teufelsstein an der Saarschleife

Da oben, wo der Teufel stand, sind noch ganz andere Personen gewesen. Friedrich Wilhelm IV., König von Preußen, war im September 1856 da und auch Massenmörder Adolf Hitler, im Mai 1939. Im August 1997 ließen sich die SPD-Männer Oskar Lafontaine und Gerhard Schröder dort oben in Szene setzen. Schließlich führte Bundeskanzlerin Angela Merkel im Dezember 2006 ihre Amtskollegen aus Frankreich und Polen an diese Stelle, um die guten Beziehungen zwischen den drei Staaten zu bekräftigen. Die Kulisse der Saarschleife im Norden des Saarlandes ist eine beeindruckende – und eine der schönsten in Deutschland. Die Aussichtsplattform auf der Cloef ist zu Recht sehr beliebt.

Eben dort, gleich neben dem Dorf Orscholz, hatte ein junger Adeliger von seinem Vater eine Burg geerbt, berichtet eine Sage. Das Gemäuer muss marode gewesen sein. Geld war keines im Nachlass. So rief der Nachfahre verzweifelt: »Wie soll ich die Burg instand setzen, wo ich doch keinen Heller habe?« Unterstützung fand er nicht. Und so setzte er nach: »Wenn mir hier keiner hilft, dann

Der Baumwipfelpfad hoch über der Saarschleife

soll mir der Teufel helfen.« Satan fühlte sich gerufen und erschien: »Hier bin ich – was soll ich tun?«

Wie beeindruckend dieses Stück Europa ist, kann der Besucher aus einer Perspektive erleben, die jene der berühmten Aussichtsplattform noch übertrifft. Im Juli 2016 wurde oberhalb der Cloef ein Baumwipfelpfad eröffnet. Auf einer Länge von 1250 Metern wandelt man bis zu 23 Meter hoch über den Bäumen. Von dort oben schaut man zu, wie majestätisch die Saar da unten im 180-Grad-Winkel um die Ecke biegt. Wem das noch zu niedrig ist, der erklimmt den 42 Meter hohen Aussichtsturm. Darüber geht dann nur noch fliegen.

Der junge Adelige schien gar nicht zu erschrecken, als der Gottseibeiuns plötzlich vor ihm stand. Und so trug er dem Teufel auf: »Eine neue Burg sollst du mir bauen, hier oben auf der Cloef.« Solche Aufgaben erledigt der Böse im Handumdrehen, wenn der Auftraggeber ihm dafür seine Seele verspricht. Der künftige Burgherr schlug ein, der Teufel pfiff seine diabolischen Helfer herbei und wollte eben loslegen, da setzte der Adelige nach: »Allerdings muss die Burg um 1 Uhr fertig sein.« Luzifer legte los.

Der Aussichtsturm auf der Cloef

Dicht dabei haben Deutsche eine riesige Abwehranlage gegen Frankreich gebaut. Der Orscholz-Riegel war Teil des Westwalls. Der 1939 und 1940 gebaute Abschnitt umfasste 75 Bunker und Panzerhindernisse auf einer Länge von mehr als zehn Kilometern – vollkommen überflüssig. Das Saarland wurde nach dem Krieg wieder französisch und kehrte erst 1957 nach Deutschland zurück.

Auch der Sagen-Teufel vollendete das Werk nicht. Er wollte gerade den Schlussstein einsetzen, da schlug es 1 Uhr. Zornig warf der Böse den Brocken fort. Direkt am Abhang unterhalb der Cloef, heißt es, soll dieser Teufelsstein heute noch liegen.

Info **84**

Die **Aussichtsplattform Cloef** und der **Baumwipfelpfad Saarschleife** liegen in Orscholz in Mettlach, Landkreis Merzig-Wadern.

Wo der Teufel in die Luft ging

Ein Gemälde aus dem Spätmittelalter zeigt Satan am Beichtstuhl

Am liebsten führt der Teufel brave Gottesdiener ins Verderben. Je frommer, desto besser. So liest man es oft in Sagen und Märchen. Meist sind die Priester standhaft, manche überlisten den Bösen, der am Ende leer ausgeht. In Oschatz im heutigen Norden des Freistaates Sachsen erzählt man sich eine Geschichte, die in ihrer Art wohl einzigartig ist – und von einem Gemälde aus dem Mittelalter untermauert wird.

In der Marienkirche, einst Kirche des Franziskanerklosters, nahm ein Mönch vielen Gläubigen die Beichte ab. Da trat der Teufel an den Beichtstuhl, den der Gottesdiener aber nicht erkannte, »und bekannte so viele grobe Sünden, die er begangen oder vollbringen geholfen hatte, dass der Mönch es für unmöglich erklärte, wie ein Mensch dies alles getan haben könne«, heißt es in der Oschatzer Teufels-Sage.

Da gab sich Satan zu erkennen. Wie der Mönch nun wissen wollte, warum der Böse beichte, wo er doch wisse, dass er bei Gott keine Gnade erfahre, zeigte der Böse auf die Menschen vor dem Beichtstuhl. Er sehe, dass unter den Leuten

Die Marienkirche in Oschatz, um 1920

welche seien, die genauso schwarz und hässlich seien wie er. Sobald der Mönch ihnen die Absolution erteilt habe, seien sie weiß und schön. Das wolle er auch, bat Luzifer, schön und weiß sein.

Doch der Priester schüttelte nur den Kopf. Auf gar keinen Fall, sprach er, und als Satan begriff, dass er in der Marienkirche nicht seinen Willen bekommen würde, ging er vor Wut in die Luft und riss dabei die Decke des Beichtstuhls fort.

Teufels-Darstellung von 1478

Auf dem Gemälde sieht man, wie ein Teufel hoch oben aus der Kirche hinausfliegt. Am Boden nähert sich ein weiterer Beelzebub einer frommen Frau, als wollte er ihr etwas einflüstern. Darunter steht zu lesen »1478 testibus historicis«, was auf Deutsch »Zeitzeugen« heißt. Vermerkt ist am Rand des Bildes zudem, dass es am 22. Februar 1578 als renoviert übergeben wurde.

Die Klosterkirche stammt ursprünglich aus der Mitte des 13. Jahrhunderts. Die Hussiten fielen 1429 in die Stadt Oschatz ein, richteten verheerende Schäden an und zerstörten auch das Kloster. Schon ein Jahr später begann man mit dem Wiederaufbau der Anlage. 1484, also sechs Jahre nach des Teufels Luftsprung, wurde die neue Klosterkirche geweiht. 1553 hob man das Franziskanerkloster auf, die Gebäude wurden unterschiedlich genutzt. Manches Kirchengut blieb den Christen erhalten.

Das bemerkenswerte Gemälde fand einen neuen Platz in der St. Aegidien-Kirche – wo man sich heute noch darüber wundert, wie unverfroren oder naiv der Teufel einst in Oschatz gewesen sein muss, um Absolution zu bitten. Oder war der ewige Verführer nur sauer, weil der Mönch die vom Teufel verderbten Menschen reinigte? Eine Erforschung des Kunstwerkes, in dem mehr steckt, als die Sage beschreibt, steht jedenfalls noch aus.

Info **85**

Die **St. Aegidien-Kirche** liegt am Kirchplatz in Oschatz, Landkreis Nordsachsen.

Doof bleibt doof

Warum es im Teufelsmoor bei Bremen so wenig diabolisch zugeht

Wo ist das ganze Elend geblieben? Ringsherum Idylle, eine zauberhafte Landschaft ist dieses Gebiet im Norden Niedersachsens und vor den Toren Bremens. Ob man mit dem Fahrrad, zu Fuß oder mit dem Boot auf einem der Wasserläufe im Teufelsmoor unterwegs ist – es ist ein Genuss. Dabei ist es keine 100 Jahre her, dass die Menschen, die hier lebten, es nicht leicht hatten.

Etwa 500 Quadratkilometer umfasst das Terrain in den Landkreisen Osterholz-Scharmbeck und Rotenburg (Wümme), entstanden als Schmelzwassertal in der letzten Eiszeit. Daraus entwickelte sich das riesige Moor. An einzelnen Stellen ragt der Torfkörper elf Meter und mehr in die Tiefe.

Erst im 17. und 18. Jahrhundert wurde die Gegend besiedelt. Die ersten, die kamen, waren Knechte und Mägde. Sie hofften auf Eigentum, Befreiung von Steuern und Militärdienst. Dafür waren die Lebensbedingungen in den Moorkolonien unwahrscheinlich hart. »Den Eersten sein Dood, den Tweeten sein Noot, den Drüdden sein Broot«, sagte ein plattdeutsches Sprichwort aus dem Teufelsmoor.

Das Teufelsmoor rührt aus der letzten Eiszeit her

Landwirtschaft war auf diesem Boden nur schwer möglich. Viele lebten vom Abbau und Verkauf des Torfes, der als Brennstoff in den Ortschaften ringsum Absatz fand. Als man dieses Brennmaterial etwa in Bremen im 19. Jahrhundert verbot, weil der Smog an manchen Wintertagen unerträglich wurde, suchte man neue Wege, um dieses Land für Bauern besser zu erschließen. Für eine Agrarwirtschaft in größerem Stil brauchte man trockenere Flächen, die erst durch zusätzliche Gräben, die das Wasser abführten, geschaffen wurden. Bis Mitte des 20. Jahrhunderts wurde die Trockenlegung forciert. Heute hingegen wiegen die Belange des Naturschutzes schwerer, nicht immer zur Freude der Bauern.

Moore galten schon immer als unheilvolle Gegenden. Wer an sumpfigen Ecken danebentrat, konnte versinken. Wer hier den Teufel sehen wollte, hatte bestimmt Erfolg. Man erzählt sich die Sage von einer Frau, die sich mit ihren beiden Kindern im Moor verirrt hatte. Als sie dann doch auf Häuser stieß und um etwas Brot für sich und ihre Kinder bat, wurde sie an jeder Tür abgewiesen. Anderntags fand man die drei erfroren auf. Seither gehe die Frau als Moorgespenst um.

Idylle im Teufelsmoor, um 1910

Der Name »Teufelsmoor« allerdings hat nichts mit Satan zu tun. Er leitete sich von der ursprünglichen Bezeichnung »doofes Moor« ab. Doof steht für hier taub. In Verbindung mit dem Moor meinte man eine leere, gehaltlose Gegend.

Diese Leere entdeckten Ende des 19. Jahrhunderts Künstler für sich und waren begeistert von dem Charme dieser Gegend. Die Künstlerkolonie Worpswede liegt am Teufelsmoor. Zahlreiche Gemälde zeugen von der inspirierenden Kraft des Landstrichs. Die Torfkähne mit den braunen Segeln tragen längst keinen Brennstoff mehr nach Bremen. Heute bringen sie Besucher ins Moor, und die genießen die Landschaft mit jedem Atemzug.

Info **86**

Ein Ausgangspunkt für Ausflüge ist der Ortsteil **Teufelsmoor** in Osterholz-Scharmbeck.

Die Erde bewegt sich

Hölle, Teufelsmühle und zwei Sühnesteine in Oybin bei Zittau

Manchmal klappert es gewaltig in der Hölle. Am 6. März 1872 war das Erdbeben dermaßen stark, dass »Häuser heftig bewegt und Bewohner einzelner Häuser erschreckt ins Freie eilten«, ist überliefert. Immer wieder habe die Erde im Laufe der Zeit im südsächsischen Oybin nahe der heutigen Grenze zur Tschechischen Republik gewackelt – und besonders oft im Oybiner Ortsteil Hölle. Das letzte starke Beben hat es am 10. Januar 1901 gegeben. Sonst ist es in der Hölle ausnehmend ruhig. Soll es ja in dem Kurort auch sein, der schon immer viel wert auf gute Gastlichkeit gelegt hat.

Wenn es heute rumpelt, ist es die Schmalspurbahn, die von Zittau nach Oybin dampft und die Gäste in den Ort am Fuße des imposanten gleichnamigen Sandsteinbergs bringt. Der vorletzte Haltepunkt auf der Strecke zum Oybiner Bahnhof ist die Teufelsmühle. Um 1500 als Sägemühle im Goldbachtal ange-

Die Hölle in Oybin auf einer Ansichtskarte, um 1920

legt, wurde sie im Jahr 1574 in eine Mahlmühle umgewandelt. Seit 1956 dient das Gebäude als Erholungsheim, heute in Form eines Restaurants und Hotels.

Blick auf die Teufelsmühle

Ursprünglich hieß der Betrieb »Einsiedelmühle«, und zwar noch bis 1834. Wie der Teufel ins Spiel kam, ist bis heute umstritten. Die einen sagen, an dieser Stelle sei ein Mönch vom Teufel geholt worden. Die Betreiber des Hotels halten ein Missverständnis für wahrscheinlicher. Als nämlich dem Erbmüller Herbrig einst nach langer kinderloser Ehe eine Tochter geboren wurde, habe er vor lauter Freude ein Bild über der Haustür angebracht. Darauf war eine Taube zu sehen und der Spruch »Das Toibl kam zur Vesperzeit, es bracht ins Haus uns große Freud.« Nach diesem Bild, meint der Mühlenwirt, »nannte man die Mühle dann ›Teubchenmühle‹, woraus später ›Teufelsmühle‹ wurde«.

Dicht bei der Mühle stößt der Spaziergänger auf ein Zeugnis einer dunklen Vergangenheit – ein Sühnekreuz. Womöglich stammt es aus dem Jahr 1670, auch wenn Experten annehmen, dass die Jahreszahl später auf den 1,10 Meter großen und 94 Zentimeter breiten Stein gebracht worden ist. Eine Sage berichtet, das Kreuz erinnere an den Mord an einem jungen Mädchen oder einem Einsiedler. Eine andere Sage übermittelt die Behauptung, an dieser Stelle sei in der Reformationszeit der letzte Eremit weit und breit erschlagen worden.

Spannender erscheint die Herkunft eines zweiten Sühnesteines im Ort. In der Vorburg am Berg Oybin findet man den sogenannten Duellstein, auf dem man zwei Figuren in halber Lebensgröße und Schriftreste sieht. Einer Sage nach war der Liebesteufel in zwei Offiziere Wallensteins gefahren. Sie sollen sich in eine Zittauer Bürgerstochter verliebt haben. Weil beide nicht von ihr lassen konnten, forderten sie sich 1632 zum Duell – das keiner von ihnen überlebte. Eine andere Meinung zu diesem Stein: Die beiden Figuren seien Heilige und der Brocken ein alter Betstein der Oybiner Mönche, die auf dem Oybin ein Kloster unterhielten. Weiß der Teufel.

Info **87**

Das **»Hotel Teufelsmühle«** befindet sich in der Friedrich-Engels-Straße 17 in Oybin, Landkreis Görlitz.

Mit Satan zu den Sternen

In Peenemünde haben Techniker ihre Seelen an den Teufel verkauft

Wernher von Braun war klug und ehrgeizig. Für sein Vorhaben ging er, wenn nötig, auch über Leichen, an den leblosen Körpern geschundener Zwangsarbeiter und KZ-Häftlinge vorbei, die für seinen Traum und Deutschlands Raketenwahn arbeiten mussten. »Wie einst Goethes Faust ist der Physiker einen Pakt mit dem Teufel eingegangen«, schreibt die Süddeutsche Zeitung über Wernher von Braun an dessen 100. Geburtstag im März 2012.

1937 zog der 25-jährige Physiker in die neue Heeresversuchsanstalt Peenemünde auf der Ostseeinsel Usedom. Er sollte die Raketen bauen, von denen er seit seiner Jugend träumte. Sein Geldgeber, das Reichskriegsministerium, wollte Waffen. Wernher von Braun wusste das. Der Mond, die Sterne, das All interessierte die Generäle wenig. »Peenemünde war nie als Ort der zivilen Raketenforschung geplant«, sagte ein Mitarbeiter des Peenemünder Museum dem Magazin »Focus« im März 2012.

Raketenwaffen als Schauobjekte im Peenemünder Museum

Unter von Brauns wissenschaftlicher Leitung flog die erste Rakete ins Weltall und die erste gezielt auf bewohnte Siedlungen. In London schlugen 1.358 Raketen ein, in Antwerpen waren es 1.610. Rund 8.000 Menschen kamen dadurch in England, Frankreich, Belgien, den Niederlanden und zuletzt auch in Deutschland ums Leben. Drei Mal mehr Menschen gingen in den Werken und auf den Baustellen der Werke zugrunde, besonders in Thüringen, wo Häftlinge aus dem KZ Buchenwald eine unterirdische Anlage in einen Berg hineinbauen mussten.

Bis weit in die 1960er Jahre hinein leugnete Wernher von Braun, von dieser dunklen Seite seiner Arbeit etwas gewusst zu haben. Doch es überlebten genügend Menschen, die berichten konnten. »Professor Wernher von Braun ging daran vorbei, so nahe, dass er die Leichen fast berührte«, erinnerte sich Adam Cabala, der von Braun bei einem Rundgang durch das Werk Mittelbau-Dora sah, in dem Teile für die Raketen hergestellt wurden.

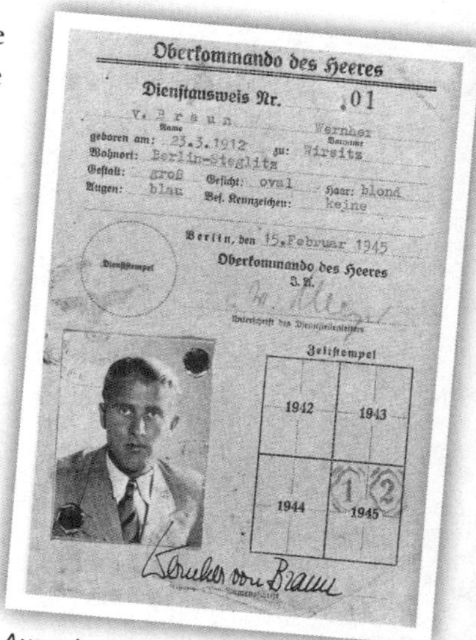

Ausweis von Wernher von Braun

»Trägt die Rakete in den Himmel oder führt sie die Hölle herbei?«, heißt es in der umfangreichen Ausstellung in den Resten der Heeresversuchsanstalt Peenemünde. Eine Ausstellung, die den Bogen von den frühen Mondflug-Träumen bis in den Rüstungswahn der Gegenwart spannt. Mit der Landung der US-amerikanischen Apollo-Mission 1969 auf dem Mond hat Wernher von Braun seinen Traum erfüllt. Er hatte maßgeblichen Anteil an diesem großen Schritt für die Menschheit.

Dass er seine Seele schon lange vorher an das Böse verkauft hatte, haben Historiker erst im Laufe der vergangenen Jahre Stück für Stück ans Tageslicht geholt. Lange konnte das Genie seinen Ruhm nicht genießen. Wernher Magnus Maximilian Freiherr von Braun starb 1977 im Alter von 65 Jahren an Krebs.

Info **88**

Das **Historisch-technische Museum Peenemünde** befindet sich Im Kraftwerk in Peenemünde, Landkreis Vorpommern-Greifswald. Die **KZ-Gedenkstätte Mittelbau-Dora** ist im Kohnsteinweg 20 in Nordhausen.

In die dunkle Tiefe hinab

Der Teufelssee am Rande von Potsdam

In den warmen Monaten sollte man sich gegen die kleinen Teufel bestens wappnen, bevor man zum Teufelssee wandert. Unzählige Mücken fallen über jene her, die sich vom Potsdamer Stadtrand aus auf den Weg durch den Wald zu dem besonderen Gewässer machen. Der Gang lohnt sich, selbst wenn der See auf den ersten Blick eher unspektakulär und wie ein belangloser Tümpel erscheint.

Seine Bedeutung schlummert in seiner Tiefe. Ungefähr acht Meter geht es von der Wasseroberfläche hinab, tiefer als die großen Havelseen, die nicht weit entfernt liegen. Der Teufelssee ist ein Toteisloch, entstanden in einem Land vor unserer Zeit. Als die Gletscher der letzten Eiszeit vor etwa 20.000 Jahren schmolzen, brachen hier und da große Stücke ab. Sie verschwanden unter Sand- und Kiesmassen, die das nachströmende Schmelzwasser des Gletschers mit sich brachte.

Nahe des Caputher Heuweges liegt im Wald der Teufelssee

Sand und Kies wirkten wie ein Isolierdeckel, das Eis schmolz darunter nur sehr langsam. Unterhalb des Eisstückes befindet sich seit Urzeiten eine dichte Tonschicht, das Wasser kann nicht versickern. Toteislöcher haben weder einen Zu- noch einen Ablauf. Hin und wieder fließt Regenwasser von den umliegenden Anhöhen hinein, wie dies in Potsdam oder auch beim Teufelssee in Berlin-Grunewald der Fall ist. Manche Toteislöcher verlanden, manche bleiben offen.

Dass Menschen diese kleinen Gewässer mit dem Teufelsnamen belegen, mag mit ihrer Tiefe zusammenhängen. Acht Meter, bei dieser geringen Größe – das kann durchaus die Befürchtung auslösen, da unten gehe es geradewegs in die Hölle, in Satans Reich hinein.

Wissen, wo es lang geht

So ist es kein Wunder, dass sich auch um diesen See einige Sagen drehen. Eine erzählt, dass der Teufel einmal mit einer Kutsche unterwegs war, die einen Schatz geladen hatte. Ein Blitz fuhr vom Himmel, traf das Gefährt und das raste in den See hinein und versank.

Eine andere Mär geht auf die Slawenzeit zurück, als Potsdam noch Poztupimi hieß. Der Bischof von Brandenburg wollte die Menschen zum Christentum bekehren und sie von ihrem, wie er meinte, Teufelszeug befreien. Weil die Mahnungen und Bitten des Bischofs nicht halfen, ließ er einen italienischen Mönch und Exorzisten kommen. Im Gegensatz zum Bischof ging dieser Geistliche mit den Leuten, die am heidnischen Glauben festhielten, härter ins Gericht. Dabei, so heißt es in der Sage, habe er ein Teufelsbild entfernt. Und: »Durch die Beschwörungen des Mönches versank dieses Bild in der Erde und an dieser Stelle entstand der See.«

Auch wenn es rund um den See mehrere kleine Strände gibt, so sollte man besser am Ufer bleiben. Jedenfalls warnt die Potsdamer Stadtverwaltung: »Zum Baden ist der See nicht geeignet.« Gründe werden nicht genannt.

Info **89**

Den **Teufelssee** erreicht man gut über den Caputher Heuweg in Potsdam. Man wandert etwa 500 Meter in den Wald hinein und biegt dann links zum See ab.

Lass dir bloß keinen Bären aufbinden

Die Teufelshöhle in der Fränkischen Schweiz

Angesichts dieses Burschen kann einem das Herz in die Hose rutschen. Gruselig wirkt er, wie er die Zähne fletscht und aussieht, als würde er im nächsten Moment angreifen. Ist er das, der Teufel? Vielleicht sähe er weniger unheimlich aus, wenn er nicht so nackt wäre, so ohne Fell und Fleisch. Auf den zweiten Blick aber ist klar: Das Skelett bewegt sich nicht. Der Höhlenbär, und das war er einmal wirklich, bleibt, wo er ist. In der Teufelshöhle bei Pottenstein in der Fränkischen Schweiz war er zu Hause – vor gut und gerne 30.000 Jahren.

Forscher haben Knochen von rund 80 solcher Bären gefunden, die etwa drei Meter groß und 400 Kilo schwer waren. Damit sich die Besucher einen Bären dieses Kalibers vorstellen können, hat ein Münchner Paläontologe aus einigen der gefundenen Knochen einen Bären zusammengesetzt und in Position gebracht.

Das Tor zur Unterwelt, wie man in der Gegend das Höhlenportal schon früher nannte, war den Menschen in der Fränkischen Schweiz ein Begriff. Wer es betrat, kam allerdings nicht weit. Nach 85 Metern war Schluss. Dabei wäre es vielleicht auch geblieben, wenn Hans Brand aus Bayreuth, ein Geologe und Bergbauingenieur, nicht Hand angelegt hätte. Er durchbrach im Jahr 1922 eine etwa neun Meter dicke Abschlusswand im Teufelsloch und entdeckte eine neue Welt mit Höhlen voller Tropfsteinen.

Schon im Jahr darauf konnten die ersten Schaulustigen ein Blick hinein werfen. Es dauerte noch einmal acht Jahre, um das Höhlensystem hinter dem Tor zur Unterwelt komplett zu erschließen. Die Menschen strömten und der Fremdenverkehr in und um Pottenstein blühte auf.

Es ist wahrscheinlich, dass die Menschen schon lange vor der Erschließung in den Tiefen der Höhle unterwegs waren. »Unter den Einheimischen galt dieser Ort jahrhundertelang als unheimlich«, heißt es bei Wikipedia zur Teufelshöhle. »Der Volksglaube, dass der Teufel die Höhle als Eingang zur Hölle verwende, trug zur Entstehung des Namens bei. Menschen, die es dennoch wagten, in sein Reich einzudringen, würden unrettbar eine Beute des Satans.« Jeder, der nicht wiederkam, gab diesem Glauben weitere Nahrung.

In der jüngeren Vergangenheit wähnten die Leute andere Teufel am Werke. Geheime Unterlagen der Nazis würden in der Höhle lagern, das legendäre Bernsteinzimmer sogar. Aber es ist wie mit dem Leibhaftigen: Wer wachen Auges sucht, findet Tropfsteine ohne Ende, faszinierende Flora und Fauna und viel-

In der mächtigen Höhle erwartet die Besucher das Skelett eines Höhlenbären

leicht zu sich selbst. Angeblich soll Geologe Hans Brand in der Fränkischen Schweiz später eine viel schönere Höhle entdeckt haben. Damit diese aber der Teufelshöhle nicht den Rang ablaufen könne, seien alle Belege und Beweise vernichtet und möglicherweise sogar die beteiligten Menschen umgebracht worden. Wer dies glaubt, hat ganz bestimmt Luzifer, den unermüdlichen Zwietrachtstifter, als guten Begleiter im Nacken sitzen.

Info **90**

Die **Teufelshöhle** liegt direkt an der Bundesstraße 470 in Pottenstein, Landkreis Bayreuth.

Leg dich nie mit einem Erzengel an

Des Teufels Versuch, den Heiligen Georg in Prenzlau zu berauben

Um verschiedene Geschäfte zu erledigen, hatten die Mönche, die das St. Georgenhospital im brandenburgischen Prenzlau mit all seinen Wirtschaftsgebäuden betrieben, einen Glaubensbruder als Verwalter eingesetzt. Mochte er auch rechnen können – fest im christlichen Glauben stand er nicht. Statt Gott zu dienen, hatte dieser Mönch einen Pakt mit dem Fürsten der Finsternis geschlossen. So soll es einer Sage nach geschehen sein.

Dieser Pakt bot dem Verwalter die Gewissheit, dass er 50 Jahre bei der Verwaltung der Hospitals-Geschäfte tun und lassen konnte, was immer er wollte, ohne jemals von den Mönchen oder anderen Menschen zur Rechenschaft gezogen zu werden. Natürlich hatte er dem Bösen dafür seine Seele verschrieben.

Die St. Georgskapelle wurde um das Jahr 1300 aus Backstein auf einem Granitsockel errichtet, damals außerhalb der Prenzlauer Stadtmauer. Der Westgiebel erhielt ein Glockentürmchen. Die Kapelle gehörte zu einem Hospital, das durchreisenden Händlern und Pilgern als Herberge diente. Schon für das Jahr 1325 findet sich der Hinweis, dass St. Georg zum Dominikanerkloster gehörte.

Als der Teufel das nächste Mal bei dem falschen Mönch vorbeischaute und nach dessen Wünschen fragte, musste der Verwalter nicht lange nachsinnen. In der Georgskapelle, sprach er zu Luzifer, stehe eine Figur des Heiligen Georg. Diese Statue ziere ein goldener Harnisch. Und eben jene Rüstung wolle er haben. Erst wollte Satan den Verwalter überreden, sich etwas anderes zu wünschen. Man merkte, dass ihm dieser Auftrag nicht geheuer war. Doch der Verwalter beharrte darauf.

In einer mondhellen Nacht, heißt es in der Sage, schlichen Luzifer und der Verwalter zur Kapelle, öffneten leise die Tür und erschraken zutiefst. Es war, als wäre der Heilige Georg gewarnt worden. Hell schimmernd stand er vor den beiden Gaunern und streckte ihnen seine Lanze entgegen. Voller Angst wollten sie fliehen. Doch der falsche Mönch stolperte über den Pferdehuf des Teufels und stürzte.

Anderntags fanden ihn die anderen Mönche mit zerschlagenem Schädel vor der Kapellentür. Sie begruben ihn auf dem Friedhof des Hospitals. Doch schon in der nächsten Nacht kehrte der Teufel zurück, um sich sein Opfer zu holen. Beim Wühlen in der Friedhofserde trampelte Satan mit glühendem Fuß und feurigem Huf so wild umher, dass die Gebäude ringsum Feuer fingen und nie-

Drachenbezwinger St. Georg

Die Georgskapelle in Prenzlau

derbrannten. Die Mönche flohen in die Stadt ins Dominikanerkloster. Draußen, an der Straße nach Schwedt, blieb nur die St. Georgskapelle, denn in ihr hielt der Heilige Georg unbeirrt Wache.

Info **91**

Die **St. Georgskapelle** steht in der Schwedter Straße 68 in Prenzlau.

Das Böse lauert hinter dem Schilf

Der versteckte Teufelsstein bei Pudagla auf Usedom

Sagt der eine: »Der Teufel will nicht gesehen und erkannt werden.« Erwidert der andere: »Wenn kein Beweis für den Teufel der Beweis für den Teufel ist, dann wird es kompliziert.« So kann es dem Wanderer mit der Spur des Bösen gehen, die er in Vorpommern nahe der Ostseeküste hinterlassen haben soll. Westlich des Dorfes Pudagla auf der deutsch-polnischen Insel Usedom liegt ein Teufelsstein im Achterwasser.

Doch wo? Wer von Süden her das Ufer des Achterwassers abläuft, sieht das Wasser vor lauter Schilf nicht mehr. Eine Badestelle taucht auf, weicher Sand, ein Grillplatz mit gemauerter Feuerstelle, die von Weitem selbst wie ein Findling erscheint. Davor ein Kreis aus hölzernen und von Wind und Wetter gegerbten Hockern. Doch vom Teufelsstein weit und breit keine Spur – solange man nach Norden schaut.

Erst nach einem großen Bogen, der den Suchenden wieder zur Badestelle zurückführt, und wenn er die Wasserkante nach Süden hin absucht, gibt sich

Der Teufelsstein ragt aus dem Achterwasser heraus

Luzifer zu erkennen. Ein Stück vom Ufer entfernt liegt tatsächlich eine stattliche Klamotte im Wasser, den runden Rücken voller Kormorane.

Für Naturwissenschaftler ist der Brocken im Usedomer Achterwasser ein als Geotop ausgewiesener Findling. Er ist vier Meter lang, 3,8 Meter breit und 2,7 Meter hoch. Etwa die Hälfte schaut aus dem Wasser heraus. Weit genug, um die Spuren zu erkennen, die Luzifer auf dem Stein hinterlassen haben soll. Geologen bemessen den Umfang des Brockens mit zehn Metern, das Volumen mit 22 Kubikmetern und wissen, dass er aus Granit mit blauem Quarz besteht und mit der Weichseleiszeit aus dem südschwedischen Småland nach Pommern geriet, lange bevor auch dieser Landstrich zu Schweden gehörte. Geworfen von einem schwedischen Teufel? Mitnichten, sagen die Naturwissenschaftler, von einem Gletscher nach Süden geschoben.

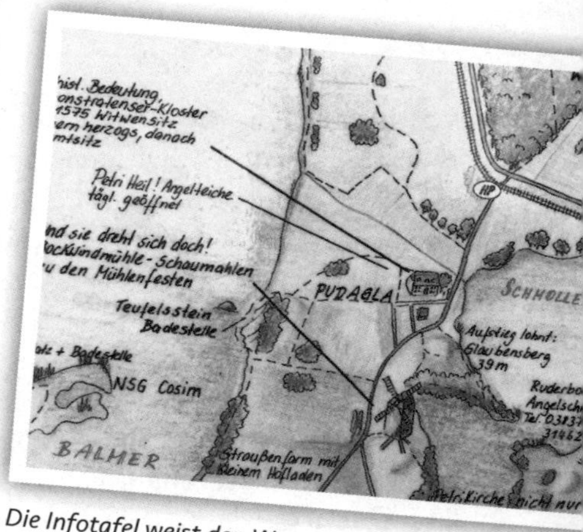

Die Infotafel weist den Weg

Der Sage nach wollte Satan verhindern, dass Christen in Pudagla ein Kloster errichten. Er war gerade in Loddin, am anderen Ufer des Achterwassers, nahm einen großen Stein und wollte ihn etwa sechs Kilometer weit werfen. Tatsächlich gründeten Mönche vom Orden der Prämonstratenser in dieser fruchtbaren zwischen Binnengewässer und Ostseeküste im frühen 14. Jahrhundert ein Kloster. Und betrieben es bis zur Auflösung im Jahr 1535.

Doch der Wurf des Bösen misslang. Ihm entglitt der Stein, er prallte gegen den Konker Berg und rollte gut und gerne 200 Meter ins Wasser. Soweit liegt der Findling vom Berg entfernt. Wer nicht glaubt, dass der Teufel seine Hand im Spiel hatte, schwimmt zum Stein und sieht nach: »Der Handabdruck ist heute noch auf dem Findling zu sehen«, schließt die Sage. Man muss ihn nur von der richtigen Seite aus betrachten.

Info **92**

Der **Teufelsstein** liegt nahe der Badestelle im Achterwasser bei Pudagla auf Usedom.

Ein teuflischer Irrtum

Warum Moses im Ratzeburger Dom Hörner trägt

Verwirrung stiften, die Menschen durcheinander bringen, verunsichern – das ist das Handwerk des Teufels, sagt man jedenfalls. Mit dem biblischen Moses ist ihm das ganz besonders gut gelungen, auch wenn man sich heute eher über das Resultat amüsiert. Im Osten Schleswig-Holsteins, in Ratzeburg, im Dom, unter der Kanzel.

Die Kanzel gehört zu den bemerkenswertesten Ausstattungsobjekten des Ratzeburger Doms. Dort entdeckt der Betrachter den Kopf von Moses. Aus dessen Haartracht ragen zwei goldfarbene Hörner heraus. Wirklich? Wie kann der Überbringer der Zehn Gebote ein Teufel sein? Hörner sind es auf jeden Fall, die ihm Bildschnitzer Hinrich Matthes d. J. aus Lübeck aufs Haupt gesetzt hat. Im Jahr 1576 war die Kanzel fertiggestellt worden. Nun war Schnitzer Matthes kein heimlicher Teufelsjünger. Vielmehr war die Darstellung Moses als Gehörnter vor rund 500 Jahren nicht selten. In der berühmten Rosslyn-Kapelle

Der Ratzeburger Dom auf einer Ansichtskarte, um 1930

bei Edinburgh findet man ebenfalls eine solche Darstellung. Ursache für dieses ungewöhnliche Antlitz war eine Bibel-Übersetzung. Als Moses auf dem Berg Sinai die Zehn Gebote in Empfang nahm, so heißt es im 2. Buch Mose 34, 39, »war die Haut seines Gesichtes strahlend geworden, weil er mit Gott geredet hatte«.

Der gehörnte Moses an der Kanzel

Der Widerschein der Lichtherrlichkeit Gottes lag auf Moses' Gesicht. Doch bei der Übertragung des Bibeltextes vom Hebräischen ins Lateinische ging etwas schief, wie man mittlerweile bei Wikipedia nachlesen kann: »Die Darstellung des Mose mit Hörnern in manchen älteren (west-)christlichen Kunstwerken geht auf die Übersetzung zurück. Im hebräischen Urtext, der keine Vokale kennt, steht das Wort ›krn‹. Als man später darangeht, den Text mit Vokalen zu versehen, setzt man zwei ›e‹ ein. Aus ›krn‹ wird ›keren‹ und das heißt ›gehörnt‹. Durch Vergleich mit anderen Texten erkennt man viel später, dass richtig zwei ›a‹ ergänzt werden müssen. Das Wort heißt dann ›karan‹ und bedeutet ›glänzend‹, und die etwas rätselhafte Bibelstelle bekommt einen anderen, verständlichen Sinn.«

»Vulgata« nennt man die Bibel-Übersetzung, die sich seit der Spätantike gegen andere Versionen durchgesetzt hat. Und so kam es, dass Moses fortan weniger strahlend als eben gehörnt dargestellt wurde. In seinem Beitrag über die Kanzel im Ratzeburger Dom schreibt Uwe Steffen, dass einige Künstler diese Darstellung seit dem 12. Jahrhundert verwendet haben. Im frühen 16. Jahrhundert schuf sogar Michelangelo eine Moses-Skulptur, die Hörner trägt. Heute steht sie in der Kirche San Pietro in Vincoli in Rom.

Im Laufe des 16. Jahrhunderts erkannte man allerdings den Irrtum. Die Darstellung von Moses mit Hörnern wurde verboten. »Aber«, notiert Uwe Steffen, »das hatte sich wohl bis Lübeck noch nicht herumgesprochen.«

Info 93

Der **Dom** befindet sich auf dem Domhof 35 in Ratzeburg, Landkreis Herzogtum Lauenburg.

Wo die Maid im Innern winselt

Des Teufels Schloss im Großen Markgrafenstein bei Rauen

Was der Böse hat, gibt er so schnell nicht wieder her. Kein Wunder, dass es die Arbeiter schwer hatten, des Teufels Schloss zu zerlegen, das größte Stück die Berge hinunter zur Spree zu befördern und nach Berlin zu bringen.

Südlich des Dorfes Rauen und der Stadt Fürstenwalde in den Rauenschen Bergen liegen seit Urzeiten zwei gigantische Findlinge. Die Gletscher der jüngsten Eiszeit haben die Brocken aus dem Norden weit nach Süden geschoben. Dem roten Granit nach stammen sie aus einem Gebiet, in dem heute die schwedische Stadt Karlshamn liegt.

Weil beide Brocken die größten Findlinge in der Mark Brandenburg sind, widmete man sie den Herrschern der Mark. Der kleine Markgrafenstein hat ein Volumen von etwa 100 Kubikmetern, ist 5,6 Meter lang, 5,6 Meter breit und 5,7 Meter hoch. Der große Markgrafenstein, der wenige Meter entfernt liegt, hatte ursprünglich ein Volumen von gut 250 Kubikmetern und maß 7,8 Meter (Länge), 7,5 Meter (Breite) und 7,5 Meter (Höhe).

Die Granitschale im Berliner Lustgarten, hier um 1900

Eine Sage aus der Gegend berichtet, dass der Teufel schon von alters her im Markgrafenstein sein Schloss gehabt habe. Eines Tages geschah es, dass sich ein Bauernmädchen aus Rauen so sehr über ihre eigene Tranigkeit ärgerte, dass es sich dafür verwünschte. Luzifer hörte es wohl, fuhr vom Berg herab, packte die Maid und führte sie in den Stein hinein. Dort solle sie bis zum jüngsten Tag sitzen. Am Stein habe man ihr klägliches Winseln »oft genug gehört«, heißt es weiter. Der junge Müllersbursche, der ihr Bräutigam war, wollte die Holde befreien. Er versuchte, den Stein »mit gewaltigen Hammerschlägen zu sprengen«. Von seinem erfolglosen Mühen zeugen die tiefen Löcher, die man einst rings um den Stein herum sehen konnte.

Rest vom Großen Markgrafenstein

Erst als es galt, den König zu erfreuen, gelang es, den Stein zu zerlegen. Friedrich Wilhelm III. von Preußen wollte eine sehr große Granitschale an exponierter Stelle vor dem Berliner Stadtschloss aufstellen lassen. Nach einem gescheiterten Versuch mit einem anderen Stein nahm der Steinmetz den Großen Markgrafenstein ins Visier. Im September 1827 gelang es zwei Dutzend Männern, ein großes Stück abzusprengen, groß genug für die Granitschale, die bis heute Schmuck und Zierde des Lustgartens ist.

Der Stein bei Rauen war allerdings so groß, dass man ihn für weitere Denkmale nutzen konnte: die Friedenssäule am Belle-Alliance-Platz (heute Mehringplatz in Berlin-Kreuzberg), die Siegessäule im Park Babelsberg (Potsdam) und eine weitere Säule für Berlin. Am 21. Februar 1831 wurde die große Schale im Lustgarten aufgestellt.

Wüssten die Berliner, mit welchem Aufwand das Material für die Schale dem Teufel entrissen worden ist, sie würden das 75 Tonnen schwere Kunstwerk nicht verächtlich »Suppenschüssel« nennen.

Info **94**

In Rauen bei Fürstenwalde/Spree führt die Straße zu einem Wanderparkplatz. Man geht unter der Autobahn 12 hindurch gut zwei Kilometer bis zu den **Markgrafensteinen**.

Weil auch Tiere Seelen haben

Die Teufelsbrücke über die Donau in Regensburg

Ein ungleicher Wettkampf: Zur gleichen Zeit sollten in Regensburg ein prachtvoller Dom und eine stattliche Brücke über die Donau entstehen. Das stimmt tatsächlich. Wahr ist auch, dass erst die Brücke stand und dann das Gotteshaus. Doch wie es wirklich dazu kam, erfährt man aus der heimischen Sagenliteratur, und auch, warum Luzifer seine Finger im Spiel hatte.

Ein Lehrling des Dombaumeisters soll die Brücke errichtet haben. Angesichts der Breite der Donau keine leichte Aufgabe. 16 Bögen tragen die mehr als 300 Meter lange und acht Meter breite Brücke über zwei Donau-Arme hinweg. Die Arbeiten begannen 1135 und dauerten elf Jahre an. Damit ist sie die älteste erhaltene Brücke Deutschlands.

Der Sage nach wettete der Lehrling mit seinem Meister, dass er zuerst fertig sei. Der Alte schlug ein, die Arbeiter legten los. Wie der Azubi aber erkannte, dass der Dombau seines Meisters besser gedieh, rief er den Teufel und bat ihn um Hilfe. Mache ich, sagte der Böse. Und der Preis? Luzifer sollte die ersten drei Seelen bekommen, die die Brücke nach ihrer Fertigstellung passieren würden. Geht klar, meinte der Lehrling und Satan packte an.

Was da vor mehr als 850 Jahren errichtet wurde, nötigt Baufachleuten heute noch Respekt ab. Die Brücke ist nicht einfach geradewegs von einem zum anderen Ufer gebaut worden. Vielmehr folgt das Bauwerk den Untergrundverhältnissen und berücksichtigt den Strömungsverlauf. Die Pfeiler haben eine unterschiedliche Dicke und sind alle ungleich ausgerichtet. Schon damals war die Donau ein gewaltiger Strom mit hoher Fließgeschwindigkeit.

Selbstverständlich war das Werk des Teufels fix vollendet. Wie der Dombaumeister dies sah, stürzte er sich verzweifelt vom Gerüst, so die Sage. Tatsächlich hat man den Bau des Doms erst 1273 begonnen, also gut 125 Jahre nach Freigabe der Brücke.

Der Lehrling wollte nun zwar den Pakt mit dem Teufel erfüllen, aber um Himmelswillen keine Menschen opfern. Er ließ die Zugänge bewachen, damit ja niemand ohne sein Wissen das Bauwerk überqueren konnte. Kaum war der letzte Handschlag getan, scheuchte der Lehrling einen Hahn, eine Henne und einen Hund über die Brücke. Auch wenn der Böse lieber Menschen gehabt hätte, so nahm er doch die drei Tiere an. Dafür müssten ihm die Tierfreunde dieser Welt eigentlich dankbar sein. Schließlich erkannte Satan an, dass Tiere Seelen haben, was die meisten Menschen damals abstritten.

Die Steinerne Brücke über die Donau, um 1930

Später zogen allerlei Menschen über die Brücke, um diabolische Werke zu verrichten. Aktenkundig ist zum Beispiel, dass Kaiser Friedrich Barbarossa im Mai 1189 in Regensburg zum dritten Kreuzzug aufbrach – und dafür mit seinen Recken über die steinerne Brücke zog. Auch wenn sie offiziell Steinerne Brücke heißt, ist der Spitzname »Teufelsbrücke« in Regensburg verbreitet.

Info **95**

Die **Steinerne Brücke** überspannt in Regensburg die Donau von der Altstadt zum Stadtteil Stadtamhof.

Mörderisches Wasser

Der Teufelsbach in Remscheid-Hohenhagen

Die Leiche ist in der Nähe des ehemaligen Teufelsteiches gefunden worden. »Roger Peters erinnerte sich, dass nicht weit von der Remscheider Innenstadt entfernt, in den 20er Jahren am Teufelsbach, der im Stadtteil Hohenhagen entsprang und in der Nähe der Hägener Mühle in den Müggenbach mündete, ein Freibad entstanden war, das im Volksmund Teufelsteich genannt wurde«, heißt es im Bergisch-Land-Krimi »Blutiges Vermächtnis« von Peter Splitt, erschienen 2012. Weiter liest man: »Dieser Teich diente später als Vereinsschwimmbad und blieb danach ungenutzt. In der Gegenwart ist mit der Renaturierung begonnen worden und der Teufelsbach, der lange in diesem Bereich nur unterirdisch floss, würde zukünftig wieder in einem natürlichen Gewässerbett fließen und die für die Gewässer im Bergischen Land typische Bepflanzung aus Erlen, Buchen, Holunder und Hasel erhalten.«

Vielerorts entstanden in Deutschland im frühen 20. Jahrhundert Freibäder oder Badeanstalten. Auch abseits der Seen und Flüsse wollten und sollten die jungen Leute schwimmen lernen und Spaß bei Wasserspielen haben. So nutzte man oft Bäche als Zu- und Ablauf solcher Bäder. In Hohenhagen, heute der höchst gelegene Stadtteil von Remscheid, gab der Teufelsbach ein passendes Gewässer her. Auf dem 376 Meter hohen Brodtberg entspringt der Teufelsbach und fließt durch das Teufelsbachtal nach eineinhalb Kilometern in den Müggenbach. Von dort strömt das Teufelswasser über Morsbach, Wupper und Rhein in die Nordsee.

Blick auf Remscheid im Jahre 1909

Der Teufelsbach fließt vom Brodtberg hinab

Gänzlich floss der Bach jedoch nicht in das Freibad, das man »Teufelsteich« nannte. Den eigentlichen Bachverlauf zwang man mit dem Bau des Bades in den 1920er Jahren in Rohren unter die Erde. Nach dem Zweiten Weltkrieg bis in die 1960er Jahre hinein nutzte ein Sportverein das Freibad für seine Zwecke. Dann erlahmte das Interesse, das Bad verfiel. Nicht wenige Badeanstalten dieser Art verloren wegen zu geringer Größe an Attraktivität. Auch scheuten sich Kommunen oft, in den Unterhalt zu investieren, Technik und Inventar auf modernem Stand zu halten.

Um die Wende zum 21. Jahrhundert fanden etliche Initiativen neue Wege, die gute alte Badeanstalt zu erhalten. Naturnahe Bäder entstanden, deren Betrieb ökologischer und preiswerter ist als der alte konventionelle. Für den Teufelsteich fand sich solche Initiative nicht. Mithilfe einer Arbeitsbeschaffungsmaßnahme, in der Jugendliche zwecks Weiterbildung eingebunden waren, verschwanden die teils massiven Bauten und wurde der Teufelsbach renaturiert. Er fließt nun wieder oberirdisch.

Der Oberlauf des Teufelsbachs ist inzwischen als Naturschutzgebiet ausgewiesen. Flora und Fauna entwickeln sich. Seltene Tiere fühlen sich dort mittlerweile wohl, ob nun der Schwarze Milan, die Eurasische Wasseramsel oder eine besondere Art von Lachsfischen. Von Luzifer selbst weit und breit keine Spur.

Info **96**

Die Quelle des **Teufelsbaches** liegt in Remscheid-Hohenhagen in der Nähe der Hohenhagener Straße.

Über den Deister zum Teufel gehen

Ein höllischer Höhenzug im westlichen Niedersachsen

Wer »über den Deister geht«, ist weg. Für immer. Kann man einen Menschen ganz und gar nicht ausstehen, wünscht man ihn zum Teufel oder möchte ihn »über den Deister schicken«. In Nordrhein-Westfalen geht es »über die Wupper«, im Orient »über den Jordan«. Heimatkundler rätseln, woher der Deister-Ausspruch stammt und welcher Anlass dahintersteckt.

Soviel ist klar: Der Deister ist ein Höhenzug im Westen von Niedersachsen, das nördlichste deutsche Gebirge, gehört zum Weserbergland, ist in der Spitze gut 440 Meter über dem Meeresspiegel. In Ost-West-Ausrichtung liegt der Berg wie ein großer Riegel in der norddeutschen Landschaft und ist seit mehr als 100 Jahren ein beliebtes Naherholungsgebiet der Hannoveraner. Einst lieferte er der Region wertvolle Steinkohle. Mancherorts, in Barsinghausen oder Wennigsen etwa, lebt die Erinnerung an das Bergbauwesen fort. Und der Deister steckt voller Geschichten – von Förstern, Jägern, Schmugglern und heidnischen Kulten.

Das Gasthaus »Teufelsbrücke« im sagenumwobenen Deister

Wenn man das Gebirge am nordwestlichen Ende überquert, von Bantorf nach Rodenberg wandert und den Kamm passiert hat, stößt man auf die Teufelsbrücke. Das heutige Bauwerk, heißt es, habe nichts mit der sagenumwobenen Teufelsbrücke von einst zu tun. Diese existiert schon lange nicht mehr, falls es sie jemals gegeben hat. Denn diese Teufelsbrücke soll der Leibhaftige im Handumdrehen errichtet haben.

Die Sage berichtet von einem Wildschütz namens Dagobert. Diesem Jäger war es endlich gelungen, einen besonders stattlichen Hirsch zu erlegen. Über die Schlucht hinweg hatte sein Schuss getroffen. Nach einem heftigen Wolkenbruch war die sonst so gemütlich dahinplätschernde Dalgrundbecke zu einem brausenden Sturzbach angeschwollen. Durch die Schlucht konnte der Jäger also nicht, um an seine Beute zu gelangen.

Die Teufelsbrücke führt über die Schlucht

Wie er nun ratlos über den Sturzbach und die Schlucht schaute, trat aus dem Gebüsch ein rotbärtiger Mann hervor, gekleidet mit einem roten Rock und einem schwarzen Hut, geziert mit einer roten Hahnenfeder. Weil der Gesell nach Schwefel roch und glühende Augen hatte, wusste Dagobert, dass der Teufel vor ihm stand. Dieser bot ihm an, im Handumdrehen eine Brücke zu bauen. Der Deal: Dagobert musste im Gegenzug versprechen, Luzifer in die Hölle zu folgen, wenn er den dunklen Fürsten beim Namen nannte. Eines Tages verplapperte sich der Wildschütz, schwor beim Teufel, die Wahrheit zu sagen, und schon war es um ihn geschehen.

Unweit dieser Schlucht bei Rodenberg steht seit langer Zeit ein Gasthaus mit dem Namen »Teufelsbrücke«, eine typische Wanderer-Einkehr, die tagsüber geöffnet ist. Wer dort das »Teufelsschnitzel« servieren lässt, merkt rasch, dass hier etwas nicht mit rechten Dingen zugehen kann. Dieses Mahl ist – verflucht nochmal – teuflisch gut.

Info **97**

Die Gaststätte **»Teufelsbrücke«** liegt an der Heisterburg 1 in Rodenberg, Landkreis Schaumburg.

Die ewig Trinkende

Die Sage um die Teufelskuhle in Rostock

Sie könnte die sagenumwobene Prinzessin aus dem Schloss sein, das unweit des Kröpeliner Tors in Rostock versunken ist. So zart und anmutig, wie die nackte Holde auf dem Sockel steht, das linke Bein durchgedrückt, das rechte etwas gebeugt, zeugt die Haltung von Eleganz. Wie einen wertvollen Schatz hält sie eine Schale an ihren Lippen. Leicht nach vorn gebeugt, nimmt die Schöne einen Schluck und noch einen – und immer fort.

Es heißt, Bildhauer Victor Seifert (1870–1953) ließ sich von der Sage über den Untergang des Schlosses in der Teufelskuhle inspirieren, als er 1922 »Die Trinkende« für die Stadt Rostock schuf. Es handelt sich um die Geschichte über »Die Dreiwalls- oder Teufelskuhle bei Rostock«, veröffentlicht im dritten Band der Mecklenburgischen Volkssagen von 1860. Möglich, dass der Schlossherr bösartig war oder ein Geizhals vor dem Herrn. Irgendetwas Gottloses wird im Schlosse schon geschehen sein, damit es komplett versinken musste und mit einem Fluch belegt wurde. Alle 1.000 Jahre, so die Sage, erhebt sich das Schloss

»Die Trinkende« erfreut die Besucher in den Wallanlagen

aus der Teufels- oder Düwelskuhle und erhellt mit seinem Glanz Rostock. »Für diesen Abend ist der Bann gelöst und die Schlossbewohner bevölkern die Parkanlagen mit ihrem heiteren Spiel«, schließt die Mär.

Die Teufelskuhle, um 1920

Dumm nur, dass niemand sagen kann, wann die 1.000 Jahre um sind. Einmal im Jahr, und zwar zur Mittagsstunde des Johannistages, also der Sommersonnenwende, »lässt sich auf dem Wasser eine silberne Schüssel und ein silberner Löffel sehen«, so die Erzählung. Gut möglich, dass Bildhauer Seifert bei der Arbeit an seinem Werk an jene Sagen-Schüssel dachte. Das Wasser fließt aus sieben Öffnungen aus der Schale hinaus, sie leert sich aber nie. Wie die Teufelskuhle, die ja erst mit dem Versinken des Schlosses entstanden sein soll. Auch sie weist immer den gleichen Wasserstand auf. »Man erzählt sich von dem Wasser, dass es unergründlich sei, mit der Ostsee in unmittelbarer Verbindung stehe und nie an Menge abnehme«, heißt es in der Sage von 1860.

»Die Trinkende« jedenfalls hat mittlerweile selbst stürmische Zeiten überstanden, die Nazi-Zeit, die schwere Zerstörung der Stadt durch alliierte Bomber während des Zweiten Weltkrieges, die deutsche Teilung und schließlich den großen Umbruch namens Wende. Doch dann, es soll im Jahr 1993 geschehen sein, war die zarte, nur 1,14 Meter hohe Bronzeskulptur plötzlich verschwunden, spurlos.

Zum Glück existierte noch eine Form der Skulptur. Eine Bank gab das Geld und »Die Trinkende« kehrte an das östliche Ende der Wallanlagen zurück – zu Johannis 1994. Doch dabei blieb es nicht. In der Weihnachtszeit 2005 verschwand die Holde abermals. Buntmetalldiebe? Es bleibt ein Rätsel. Gleichwohl fanden sich abermals Form und Geld und seit 2007 steht die dritte »Trinkende« in den Wallanlagen. Und trinkt und trinkt und trinkt.

Info **98**

Die **Teufelskuhle** ist der D-förmige Teich unweit des Kröpeliner Tors in Rostock. **»Die Trinkende«** steht am anderen Ende der Rostocker Wallanlagen zwischen der Wall- und der August-Bebel-Straße.

Bis die Säulen zerbrachen

Wie der Teufel den Bau des Klosters Paulinzella störte

Es ist kein Wunder, dass das verfallene Kloster Paulinzella bei Rudolstadt in Thüringen seit Jahrhunderten die Menschen beeindruckt, fesselt, berührt. Vielleicht auch, weil die Reste des Benediktinerinnenklosters in Architekturführern zu den »bedeutendsten romanischen Bauwerken in Deutschland« gehört. Im Jahr 1106 war mit dem Aufbau des Klosters begonnen worden, 18 Jahre später wurde die Klosterkirche geweiht.

In dieser Zeit erschien, wenn man einer Sage Glauben schenken darf, im Rottenbachtal der Teufel. Der Baumeister der Klosterkirche wollte die Decke des mächtigen Baus auf Säulen aus einem einzigen Block ruhen lassen. Diese Säulen wurden aus einem nahen Steinbruch gehauen, eine nach der anderen, und zur Baustelle geschafft. Damit dieses Werk gelinge, betete Pauline, die Stifterin des Klosters, für jede Säule. Die zwei letzten Säulen waren auf dem Weg zur Baustelle, da störte der Teufel das Gebet der frommen Frau und beide Steine zerbrachen. Der Baumeister aber konnte die Säulen sauber zusammensetzen, so die Sage.

Die Klosterruine inspirierte zahlreiche Künstler

Das Kloster wuchs und gedieh, wurde reich und reicher. Ab Mitte des 14. Jahrhunderts lebte und wirkte dort ein Mönchsorden. 19 Dörfer gehörten dem Kloster Paulinzella, an 52 weiteren Orten besaß das Kloster Güter und hatte Rechte an über 100 Dörfern. Mit der Reformation kam das Aus. Während der Bauernkriege wurde das Kloster geplündert und 1542 schließlich aufgelöst.

Vielleicht, weil die Sache mit dem kundigen Baumeister doch etwas anders war, wie eine zweite Sage aus Paulinzella berichtet. Der Bruch der letzten beiden Säulen soll das Vertrauen des Baumeisters in das Gottvertrauen seiner Stifterin dermaßen schwer erschüttert haben, dass er gleich den Bösen um Hilfe anrief. Der tauchte prompt auf und willigte ein.

Das offene Kirchenschiff, um 1930

Im Gegenzug für den gelungenen Kirchenbau sollte der Teufel die erste Seele erhalten, die das vollendete Gotteshaus betrat. »So ging das Werk gut und rasch vonstatten«, heißt es in der Sage. Nun lauerte Satan hinter der Tür, und tatsächlich, bald betrat etwas den dunklen Vorraum. Hastig griff Luzifer zu. Doch wie erschrak er, als das Wesen nicht um Hilfe rief, sondern angstvoll quiekte. Ein Schwein war als erstes in die Kirche getreten. Mit dem Tier in den Klauen brauste der Teufel wutentbrannt durch die Decke davon.

Die Decke gibt es schon lange nicht mehr, dafür aber ein bemerkenswertes Kunstwerk. Im Chorraum steht seit 2015 der »Kreuzmensch« des Bildhauers Volkmar Kühn. Diese Christusfigur breitet die Arme aus und reckt den Kopf schräg nach oben. Vor ihr erstreckt sich das Schiff der alten Basilika. Gottesdienste, die die Ortsgemeinde hier feiert, hinterlassen einen tiefen Eindruck.

Info **99**

Die **Klosterruine** liegt in Paulinzella 3, Rottenbach, Landkreis Saalfeld-Rudolstadt. Im früheren Jagdschloss daneben befindet sich ein Museum.

Teufelszeug in leuchtenden Farben

Das alte Vitriolbergwerk in Schmiedefeld am Rennsteig

Das stinkt gewaltig, und zwar nach Schwefel. Das Element mit dem überaus strengen Geruch weckt bei den Menschen in Schmiedefeld am Rennsteig aber nicht zuerst finstere, diabolische Gedanken. Sie verbinden es vielmehr mit einem Gewerk, das dem Ort im Thüringischen bald zwei Jahrhunderte lang Lohn und Brot gab. Spätestens seit dem Jahr 1683 wurden in Schmiedefeld unter Tage Vitriol, Schwefel und Farberden abgebaut.

Alles stinkendes Teufelszeug? Von wegen. Die Salze der Schwefelsäure taten den Menschen gute Dienste, etwa bei der Herstellung von Tinte und Farben, zur Färbung von Leder, Imprägnierung von Holz, Bekämpfung von Pflanzenkrankheiten, Konservierung von Tierhäuten, Desinfektion und als Brechmittel, was so manchem Menschen mit verkorkstem Magen eine Wohltat war. Dass man den Schwefelgestank mit der Hölle in Verbindung brachte, focht die Menschen nicht an, die von und mit den Vitriolen leben konnten oder mussten.

Aus der Morassina, so hieß das Bergwerk nach dem Besitzer Johann Leonard Morassi, der es 1717 erwarb, holten die Bergleute rund 180 Jahre lang das

Idylle mit der alten Mühle im Schwefelloch, um 1925

begehrte Material. Im späten 18. Jahrhundert gehörte das Bergwerk zu den Marktführern in Thüringen und Franken. Bis die Chemie dem Abbau ein Ende setzte: Um 1850 gelang es, Alaun- und Vitriolprodukte auf künstlichem Wege billiger herzustellen. 1863 kamen aus der Morassina die letzten Erzeugnisse.

Das Bergwerk und die Höhlen gerieten in Vergessenheit. Vielleicht wäre es dabei geblieben, wenn man 1951 auf der Suche nach dem Teufelszeug Uran nicht auf die alte Morassina gestoßen wäre. Bergleute der Wismut AG öffneten die Eingänge, fanden zwar kein Uran, aber ein beeindruckendes Naturschauspiel, Höhlen voller Tropfsteine und Sinter, die an Formen und Farben ihresgleichen suchen. Doch so nah an der innerdeutschen Grenze gelegen, wollte man das alte Höhlensystem nicht als Besucherbergwerk herrichten. Erst 1989 war der Rat des Bezirkes Suhl bereit, das touristische Projekt anzugehen. Vier Jahre später empfing das Schaubergwerk Morassina die ersten Besucher. Inzwischen kommen nicht nur Schaulustige. Ein Bereich in einem Alaunschieferflöz ist als Heilstollen eingerichtet worden.

Heute ist die Höhle ein Schaubergwerk

Ob sich bei so viel Schwefel nicht doch der Teufel selbst wohl gefühlt hat, findet man in keiner Chronik. Stutzig wird man allerdings bei der Lektüre einer Schmiedefelder Sage. Es heißt nämlich, dass die Versuche, im Ort die erste Kirche zu bauen, immer wieder missglückten. Das stinkt ordentlich nach Satans Bemühen, Kirchenbauten zu verhindern. Erst als die Christen die Stelle als Bauplatz wählten, auf der das Gotteshaus heute noch steht, gelang das Werk.

Info **100**

Das **Schaubergwerk Morassina** hat – tatsächlich – die Adresse Schwefelloch 1 in Schmiedefeld (Lichtetal), Landkreis Saalfeld-Rudolstadt.

Wo wirklich einmal ein Krug verschwand

Vom Untergang der Waldhalle bei Sellin

Ohne das Wissen um die wahren Umstände wäre es eine spannende Geschichte geworden. Etwa diese: Anstatt am Karfreitag in der Kirche zu sitzen, haben sich törichte Fischer aus Sellin im Krug auf dem Falkenberg in der Granitz hoch über der Ostseeküste getroffen, gezecht, gespielt, geflucht und auf das Wohl des Teufels angestoßen. Ein Wanderprediger kehrte ein und mahnte die Fischer, von ihrem gottlosen Treiben abzulassen, doch er erntete nur Hohn und Spott. Kaum hatte der Prediger die Schenke verlassen, hob ein mächtiger Wind an, die Wellen schlugen hoch, Blitz und Donner gingen nieder und mit Getöse fuhr die Schenke hinab und versank auf ewig in den Fluten. Zur Warnung aller Ungläubigen kann man am Hochufer noch heute Reste des Fundaments erkennen. Ende der sagenhaften Mär.

Wahr ist: Am Hochufer nördlich von Sellin gab es einmal ein Ausflugslokal, errichtet 1888 als erstes im Seebad. Keine 100 Jahre später verschwand es wieder. Wind und Wetter hatten der Küste Meter um Meter genommen, über kurz oder lang wäre die Waldhalle in die Tiefe gestürzt – sodass sie vorsorglich abgebaut wurde.

Im Schwarzen See, heißt es, liegt ein Schloss

Wenn man am östlichen Rand von Binz die Teufelsschlucht hinab zum Ufer nimmt und an der Wasserkante nach Sellin wandert, passiert man ein Küstenstück mit ungeheurer Dynamik. Besonders im Frühjahr sorgen häufige Frost-Tau-Wechsel für Abbrüche an der Steilküste. In Sellin ist die Küste auf diese Weise um gut 80 Meter zurückgegangen, und zwar innerhalb von nur 150 Jahren. Bei diesem Tempo wird man in absehbarer Zeit die Ziegelsteine und andere bauliche Reste der Waldhalle nicht mehr sehen.

Reste der Waldhalle an der Steilküste

Ob es eines Tages auch den Schwarzen See treffen wird? Etwa einen halben Kilometer von der Stelle entfernt, die heute »Aussichtspunkt Waldhalle« heißt, stößt der Wanderer auf ein wahrlich magisches Gewässer. Der See ist nicht besonders groß, aber mit 15 Metern ziemlich tief. Von mächtigen Buchen umstanden, wirkt er überaus geheimnisvoll.

In ihm, so erzählt eine alte Sage, liegt ein Schloss. Der Prinz war zur Jagd fort, als es versank. Als der junge Herr zurückkehrte, hätte er sein Schloss noch retten können. Auf dem Wasser trieb ein Stuhl aus dem Schloss, darauf die reich verzierten Handschuhe des Prinzen. Statt aber den Stuhl, das Zeichen der Gastfreundschaft, aus dem See zu holen, griff der eitle Prinz nur seine Handschuhe, die er morgens vergessen hatte. Darauf versank der Stuhl das Schloss und war verloren.

Bei Einbruch der Dämmerung, heißt es, sieht man am Schwarzen See gelegentlich einen Jüngling in prachtvoller Kleidung, der seine Flinte geschultert und ein paar erlegte Hasen bei sich hat. Er starrt auf den See und klagt: »Noch heute Morgen stand an dieser Stelle mein schönes Schloss.« Andere sagen, der Prinz sei in eine Eiche verwandelt worden, die heute noch, knorrig und alt, am Ufer steht.

Info **101**

Vom nördlichen Ortsrand Sellins, Landkreis Vorpommern-Rügen, aus geht man in Richtung Binz zweieinhalb Kilometer bis zum **Aussichtspunkt Waldhalle**.

Ewig lockt das Weib

Die teuflisch-schöne Loreley hoch über dem Rhein

Satan ist ein Schlitzohr. Streut den Menschen Sand in die Augen und lässt sie wissen, was sie glauben wollen, und wenn dabei eine neue Wirklichkeit entsteht. Eines der schönsten Beispiele in Deutschland ist die Loreley, dieser menschgewordene Fels am Ufer des Rheins bei St. Goarshausen.

Viele Geschichten erzählen von der holden blonden Maid auf dem Felsen am Rhein, darunter die Sage von der Loreley und dem Teufel. »Die schöne Nixe des Rheins, die gefährliche Loreley, erscheint oft den Schiffern, kämmt mit goldenem Kamme ihr langes flachsenes Haar und singt dazu ein süßes, betörendes Lied. Mancher, der sich davon locken ließ und den Fels erklimmen wollte, fand seinen Tod in den Wellen. Wer sie sieht, wer ihr Lied hört, der verliert sein Herz«, heißt es da.

In der Tat nimmt der große Fluss in der Doppelkurve unterhalb des Felsens ordentlich Fahrt auf. Dort liegen Steine im Wasser, auf die jeder Bootsmann höllisch achten muss, und nicht erfunden ist der Umstand, dass es zwischen den Felsen ein gutes Echo gibt. Man meint, dies sei der betörende Gesang des Felsenmädchens.

Die Doppelkurve am Rhein an der Loreley, um 1930

Weil der Teufel irgendwie auch nur ein Mensch ist, ging es ihm nicht anders, als er einmal mit dem Schiff auf dem Rhein fuhr und an den Engpass am Loreley-Felsen geriet. Die Durchfahrt erschien Luzifer zu eng. Er stemmte sich mit dem Rücken gegen den Loreley-Felsen und rüttelte zugleich am gegenüberliegenden Brocken.

Dieser Felsen bewegte sich gerade, da hob der Gesang der Loreley an. Der Teufel lauschte dem Klang und ihm wurde seltsam zumute. »Gern hätte er die Loreley für sich gewonnen«, fährt die Sage fort, »aber er hatte keine Macht über sie. Er wurde von Liebe so heiß, dass es dampfte.« Erst als das Lied verklungen war, kam Satan wieder frei und machte sich davon. Zurück blieb der schwarze Fleck vom heißen Rücken des Bösen. Diese Stelle sieht man heute noch und nennt sie »Teufelssitz«.

Ewig lockt die Loreley, Ansichtskarte, um 1920

Als der »Lurleifelsen« im Jahr 920 erstmals in einer Schrift erwähnt wurde, war er schon berüchtigt für die gefährliche Strömung, die viele Schiffsunfälle verursachte. Häufig gaben die Menschen dafür Zwergen und Berggeistern die Schuld. Bis 1801: Da verfasste der Schriftsteller und große Romantiker Clemens Brentano (1778–1842) eine Ballade über die schöne Zauberin Lore Lay. Seitdem hat das Schicksal einen Namen und ein verdammt schönes Gesicht – je nach Maler und Zeitgeist. Eine neue Wirklichkeit war geschaffen.

Die Menschen lieben die holde Maid, mag sie noch so todbringend sein. Niemand kommt an ihr vorbei. Dafür muss man sich heute nicht über Gebühr in Gefahr bringen. Der Blick von der Plattform des Besucherzentrums ist genauso beeindruckend wie die Passage auf einem Ausflugsdampfer zwischen den Felsen hindurch.

Info **102**

Das **Loreley-Besucherzentrum** befindet sich in St. Goarshausen, Landkreis Rhein-Lahn-Kreis.

Zur Hölle mit den Millionen

Die kostspielige Teufelstalbrücke bei Hermsdorf

Das tausendjährige Reich war gerade fünf Jahre alt, als die Brücke über das Teufelstal bei Hermsdorf in Thüringen freigegeben wurde. Wäre es nach den Architekten und Bauleuten gegangen, hätte sie lange Zeiten überdauert. Stahlbeton hält ewig – dachte man jedenfalls und irrte sich.

Kaum an der Macht, nutzte der Reichskanzler Hitler die Idee seiner Vorgänger, spezielle Bahnen für Automobile zu bauen, für seine politische Ziele. Propagandistisch ein kluger Zug, wirtschaftlich ein Desaster. Damit das ganze Reich mitbekam, dass es Hitler ernst war mit seiner Autobahn und der Beschäftigung vieler Arbeitsloser, begann man in kurzer Zeit an vielen Ecken Deutschlands gleichzeitig mit dem Bau. Drei Jahre nach dem ersten Spatenstich am 23. September 1933 feierte man »1000 km Autobahn fertig«. Dass dies auf weiten Strecken wirklich nur Stückwerk war, interessierte wenige.

Auf der Strecke zwischen Dresden und Jena galt es, bei Hermsdorf das Teufelstal zu überwinden, einen v-förmigen Einschnitt im heutigen Saale-Holzland-Kreis. Die Ingenieure gaben sich alle Mühe und spannten eine elegante, grazile Brücke von einer Seite zur anderen. Die »größte Eisenbetonbogenbrü-

Die größte Eisenbetonbogenbrücke Deutschlands überspannt das Teufelstal

cke Deutschlands«, schwärmte eine Ansichtskarte aus der Bauzeit. Dem Zauber einer gewissen Ästhetik kann man sich in der Tat schwerlich entziehen. Die 253 Meter lange und 56 Meter hohe Brücke wirkt.

Aber war der ganze Aufwand wirklich nötig? Zweifel kamen auf. In einem Beitrag über die Brücke zitierte die »Welt« im August 1999 einen Fachmann: »Verkehrstechnisch wäre dieser Brückenschlag gar nicht nötig gewesen. Denn zwei Kilometer südlich hört das Tal auf.« Er hielt es für möglich, dass die Brücke nur aus Prestigegründen errichtet worden ist. Mit Baukosten von 2,1 Millionen Reichsmark nicht gerade ein Schnäppchen.

Propagandakarte von 1936

Das Autobahn-Programm der Nazi-Regierung sollte dazu beitragen, das riesige Heer der Arbeitslosen schnell abzubauen. Das gelang zwar nicht, aber viele Deutsche glaubten es. Vergleichsweise wenige Menschen mussten unter schlechten Bedingungen an den Autobahn-Abschnitten schuften. Etliche Arbeiter kamen ums Leben.

Die Teufelstalbrücke hielt dem Verkehr in der Tat viele Jahrzehnte stand. Doch als nach der Wende 1989 immer mehr Laster und Autos auf die Pisten drängten, wurde sie mit ihren vier Spuren zu eng. Um sie vor einem Abriss zu bewahren, stellte das Land Thüringen die Brücke 1993 unter Denkmalschutz. Ein zweiter Brückenbogen wurde von 1996 bis 1998 über das kleine Tal geschlagen, damit der Verkehr zwischen Dresden und Eisenach genug Platz hat.

Doch die Freude währte nicht lang. 1999 war klar, dass es unverhältnismäßig teuer werden würde, die erste Brücke zu sanieren. Man riss sie ab. Um das Werk aus den 1930er Jahren aber wenigstens zu zitieren, ersetzte man sie durch eine in gleicher Konstruktionsart. Mal sehen, wie lange sie hält.

Info **103**

Die **Teufelstalbrücke** ist Teil der Autobahn 4 und liegt zwischen dem Hermsdorfer Kreuz und der Abfahrt Stadtroda in Thüringen.

Meister des Grauens

Wie Max Schreck die Welt das Fürchten lehrte

Dieser Teufel hat keine Freude am Leben. Er kann nicht sterben, er ist einsam, die Menschen verachten ihn. Wer will da schon Hunderte von Jahren alt werden. In der rumänischen Walachei soll dieses ewige Leben einem Fürsten beschieden gewesen sein, der auf unvorstellbar grausame Weise seine Gegner hingerichtet und im Tode noch verhöhnt hat: Fürst Vlad III. Draculea (um 1431–um 1476). Draculea leiten viele Historiker als »Sohn des Drachen« ab, wenn sie auf das lateinische »Draco« abheben. Im Rumänischen aber heißt »drac« Teufel und ist Draculea »Sohn des Teufels«. Bei Lichte betrachtet, ist es dasselbe. Schließlich wird der Teufel, den der Erzengel Michael mit der Lanze bezwingt, in der christlichen Mythologie fast immer als Drache dargestellt.

Was historisch überliefert ist und was die Menschen dazugedichtet haben, lässt sich heute schwer auseinanderhalten. Aus Draculea wurde Dracula, der Vampir, der sich nur von frischem Blut ernährt, je jünger desto besser.

Eine Stele ziert das Grab von Max Schreck

Schon im 15. Jahrhundert wurden die Gräuelgeschichten des Dracula geschrieben und verbreitet. Dabei wäre es womöglich geblieben, wenn sie im Jahr 1890 nicht an die Ohren des irischen Schriftstellers Bram Stoker (1847–1912) gedrungen wären. Sieben Jahre später entließ er »Dracula« in die Weltliteratur, ein Roman, der ein neues Genre schuf.

Max Schreck als Nosferatu

Das Buch wurde schnell berühmt, das neue Medium Film zeigte Interesse. Friedrich Wilhelm Murnau (1888–1931), berühmter Regisseur der Stummfilm-Ära, war der erste, der »Dracula« umsetzen wollte. Stokers Witwe wollte es nicht und gab die Rechte nicht frei. Die produzierende Prana-Film GmbH schwenkte um, ließ das Drehbuch nur in Anlehnung an Stokers Roman schreiben und schuf »Nosferatu – Eine Symphonie des Grauens«. Erzählt wird die dunkle Geschichte des Karpaten-Grafen Orlok. In seine Rolle schlüpfte der Berliner Max Schreck (1879–1936), was sich als Glücksgriff erwies.

Schrecks Spiel, Murnaus Blick für die Szenen und die entfesselte Kamera brachten ein Meisterwerk hervor. Wirtschaftlich ein Fiasko, weil der Film an den Kassen schlecht lief und sich Stokers Witwe auch aus Großbritannien erfolgreich gegen den Rechtsbruch vor Gericht durchsetzen konnte. Doch cineastisch markierte dieser Film den Anfang einer neuen Art, Geschichten zu erzählen, die auch, wo alle erdenklichen Tricks möglich sind, ungeheuerlich erscheint. Max Schreck ist das Grauen.

Er war im Film und auf der Bühne viel beschäftigt, doch keine Rolle hat ihn so populär gemacht wie die des Grafen Orlok. Nach seinem überraschenden Tod legte man ihn auf dem Wilmersdorfer Waldfriedhof Güterfelde (Stahnsdorf) zur Ruhe, nicht weit entfernt von Murnaus letzter Ruhestätte auf dem Stahnsdorfer Südwestfriedhof. Schrecks Grab erhielt 2011 eine neue schlichte Stele, Murnaus imposantes Grabmal hatte im Jahr 2015 Besuch von Grabräubern. Seither fehlt von Murnaus einbalsamiertem Kopf jede Spur.

Info **104**

Das **Grab von Max Schreck** befindet sich auf dem Waldfriedhof am Potsdamer Damm 11 in Stahnsdorf, Landkreis Potsdam-Mittelmark, Gräberfeld U-UR 670.

Teuflisches Verwirrspiel

Wer war Dr. Faust und starb er wirklich in Staufen?

Irgendwann holt sich der Teufel seinen Teil. Um Doktor Faust, heißt es, sei es wohl um 1540 oder 1541 geschehen. In Städtchen Staufen sei es passiert. Dort habe der Gottseibeiuns den Magister gepackt, ihm den Hals umgedreht und sich mit dessen Seele davongemacht. Zurück blieb nur der entstellte Körper des Doktors. Dieses Ende habe der Johann Georg Faust im Staufener Gasthaus »Löwen« genommen. Wer es nicht glaubt, fährt in das hübsche Städtchen im Breisgau und sieht sich die Fassade des Gasthauses »Löwen« an. Da steht alles geschrieben, und dies schon seit langer Zeit.

Alles geklärt? Aus Sicht des Staufener Fremdenverkehrs schon. Faust ist ein Touristenmagnet. Seit Johann Wolfgang von Goethe den Faust-Stoff in seinen »Faust« verwandelte, ist der geheimnisvolle Magister »Weltliteratur, der uns seit Goethe als Inbegriff des nach letzter Erkenntnis strebenden Menschen gilt«, schwärmt die Stadt Staufen auf ihrer Internetseite.

Doch klar ist in Wirklichkeit nur, dass wir bis heute sehr wenig über den historischen Faust wissen. Goethes großes Werk darf man nur als reine Literatur

Aus dem Gasthaus soll Doktor Faust vom Teufel getötet worden sein

betrachten, nicht als historische Quelle. Der Dichter hat sich munter am Faust-Stoff und der deutschen Sagen-Literatur bedient und alles zu einem wahrhaft bedeutenden Stück zusammengesetzt.

Goethe hat sich rund 60 Jahre lang mit dem Stoff beschäftigt. Zwischen 1772 und 1775 entstand sein »Urfaust«, der allerdings im Jahr 1887 erstmals veröffentlicht wurde. »Faust. Eine Tragödie« kam 1808 heraus. 1832 folgte schließlich »Faust. Der Tragödie zweiter Teil«.

Der Pakt mit dem Bösen

Manche Wissenschaftler gehen davon aus, dass der legendäre Faust eigentlich aus zwei Menschen bestand. In die Legende flossen demnach zwei Lebensläufe ein. Der eine könnte ein Wissenschaftler gewesen sein, der andere eher ein reisender Händler und Marktschreier, der seine Tinkturen mit allerlei Hokuspokus unter das Volk brachte. Die Quellenlage ist dürftig. Was man weiß, lässt sich auf drei A-4-Seiten zusammenfassen. Und selbst dabei gibt es noch Unstimmigkeiten.

Für die einen stammte Faust aus Knittlingen, einem Städtchen zwischen Karlsruhe und Heilbronn. Andere lesen in den Quellen, dass Faust aus Kneitlingen kam, einem Dorf im heutigen Landkreis Wolfenbüttel, das als Geburtsort von Till Eulenspiegel gilt. Wenn es wirklich zwei verschiedene Männer waren, sind die beiden Orte kein Widerspruch.

Wer aber tatsächlich in Staufen im »Löwen« ums Leben kam, bleibt ungewiss. Möglich ist, dass Faust seine letzten Lebensjahre damit verbrachte, Gold herzustellen. Gestorben ist er wohl, weil eines seiner Experimente schiefging. Es könnte eine Explosion gegeben haben. Das wiederum erklärt, warum manche meinen, es habe nach Schwefel gestunken. Teuflisch verwickelt bleibt die Frage aber allemal.

Info **105**

Das **»Gasthaus zum Löwen«** mit dem Faust-Wandbild steht in der Rathausgasse 8 in Staufen im Breisgau.

Wo der Böse die Leute verführt

Die sieben Todsünden an der Chorschranke der Nikolaikirche in Stralsund

Es ist der Teufel, der ewige Versucher, Drängler, Einflüsterer, der die Menschen vom Weg abbringt und sonst niemand. Das sieht man sehr gut an der südlichen Chorschranke in der prachtvoll sanierten St. Nikolai-Kirche mitten in Stralsund.

Im 14. Jahrhundert schuf man für die älteste der drei großen Pfarrkirchen der Hansestadt am Strelasund die Chorschranke am Hochaltar und versah sie mit allerlei Darstellungen. Darunter finden sich die sieben Todsünden: Wollust, Völlerei, Trägheit, Habgier, Neid, Zorn und Hochmut. Ob nun die abgebildeten Leute auf den kleinen, farbigen Holzreliefs mit einem anderen Menschen unter einer Decke liegen, sich an viel zu vielen Speisen laben, das Geld zählen oder mit Faust und Messer aufeinander losgehen – stets stehen oder liegen zwei Teufel dabei und reden den Menschen gut zu, von ihrem sündigen Treiben bloß nicht abzulassen.

An der Chorschränke wurden die sieben Todsünden dargestellt

In Zeiten, in denen die meisten Menschen weder lesen noch schreiben konnten, waren bildliche Darstellungen besonders wichtig, damit ihnen die kirchliche Obrigkeit die Lehre von der Ordnung vermitteln konnte. Schaut her, so führt euch der Leibhaftige auf den Weg in die ewige Verdammnis. Die Reliefs dienten als sakrale Tafelbilder, pädagogisch wertvoll, vor langer Zeit zumindest.

Vielleicht hat man auch jene Magd vor diese Teufelsbilder gestellt, von der man meinte, sie sei vom Satan befallen. In den »Volkssagen von Pommern und Rügen«, die Jodocus Donatus Hubertus Temme im Jahre 1839 veröffentlichte, findet sich die Mär vom »Teufel in der Nicolaikirche in Stralsund«. Danach war es im Jahr 1528, als der Böse in eine Magd gefahren war und allen Versuchen widerstand, ausgetrieben zu werden. Die Mutter der Magd hatte »frischen sauren Käse« vom Markt geholt und »in den Schrank gesetzt«. Mutter war fort, da ging das Mädchen daran und hat »davon ein gut Theil gegessen«, erzählt Temme. Als die Mutter dies entdeckte, »hat sie demjenigen, der bei dem Käse gewesen, den bösen Geist in den Leib geflucht«. Und schon saß der Teufel im Mädchen.

St. Nikolai, um 1935

Der Nikolai-Pfarrer hatte nun seine liebe Not mit Luzifer im Leib der Magd. Der Böse hatte seinen Spaß daran, mit dem Pfarrer um die Seele der Maid zu verhandeln. Doch alles, was der Teufel anbot, nehmen zu dürfen, wenn er den Körper des Mädchens verließ, wies der Pfarrer zurück.

Doch das Beharren des Geistlichen und das kontinuierliche Beten hatten schließlich doch Erfolg. Satan forderte »spöttisch eine Scheibe aus dem Fenster über der Thurmuhr«. Und siehe, der Pfarrer schlug ein. Der Teufel sprang aus dem Mädchen, nahm sich das Fenster und flog davon.

Die Magd aber ward wieder rein, zog auf ein Dorf, heiratete und bekam viele Kinder. So einfach war das damals.

Info **106**

Die **St. Nikolai-Kirche** liegt am Alten Markt in Stralsund.

Der Teufel tanzt mit der Mode

Der Hexentanzplatz in Thale

Halloween, sagen viele, ist doch nur so eine Mode, die über den großen Teich zu uns herübergeschwappt ist. Aber was hilft es? Die Kinder lieben es, sich gruselig zu verkleiden, bettelnd von Haus zu Haus zu ziehen und Stockbrot im Feuer zu rösten. In Thale im Harz, bekannt für seinen Hexentanzplatz, drückt man diesem Event einen lokalen Stempel auf. Hier steigt seit ein paar Jahren am letzten Samstag im Oktober »Hexoween« mit Saus, Braus und Umzug vom Rathaus zum Kurpark.

Wer einen Besessenen vom Glauben an Hexen und Satan befreien möchte, ist in Thale gut aufgehoben. An jeder Ecke des Städtchens baumeln besenreitende Weiber, verlocken Schnäpse und Liköre mit satanischen Namen zum Alkoholkonsum. Den Gipfel dieser Genüsse erlebt man auf dem Hexentanzplatz hoch über dem Städtchen und dem herrlichen Bodetal. Dort reihen sich grellbunte Buden voller Schnickschnack aneinander.

Der Teufel auf dem Hexentanzplatz hat seinen Spaß

Mitten auf dem Plateau findet der Besucher seit April 1996 ein bemerkenswertes Ensemble. Der Diplom-Metallgestalter Jochen Müller aus Quedlinburg hat ein diabolisches Trio geschaffen und mit einem Findlingskreis auf die Ebene drapiert. Der Teufel selbst thront in der Mitte, nackt, lässig. Zu seinen Füssen ein Homunkulus, ein dunkles Sagenwesen halb Zwerg, halb Wildschwein. Dem Teufel gegenüber stemmt sich ein nacktes Weib gegen einen Stein, des Teufels Großmutter.

Im Gegensatz zu den Buden bietet dieses Kunstwerk einen ernsthaften Ansatz, sich Gedanken über diesen Platz zu machen, der schon vor Urzeiten für die Menschen in der Region ein wichtiger war. Wahrscheinlich diente er den alten Sachsen lange vor der Christianisierung als Ort zur Verehrung der Wald- und Berggöttinnen. Möglicherweise haben die Christen daraus Hexen gemacht und sie negativ belegt. Mit ziemlicher Sicherheit aber ist daraus seit Ende des 19. Jahrhunderts ein prima Geschäft geworden.

Blick vom Sessellift auf Thale

Dass der Hexentanzplatz und mit ihm Thale heute bedeutend sind, hat ein wirklich böses Werk verursacht. Bis zur Teilung Deutschlands war der Brocken der zentrale Anlaufpunkt für die Walpurgisnacht-Feiern am 30. April und für die Grusel-Touristen zu jeder Jahreszeit. Mit der Teilung verschwand der Brocken im Grenzstreifen, sehen konnten den Berg alle, betreten aber nur die Grenzsoldaten und andere Privilegierte.

Weil die Menschen aber dem Hexen-Hokuspokus im Harz weiter frönen wollten, suchte der Rummel andere Orte – im Westharz war es Bad Grund, im Ostharz bekam Thale ordentlich Auftrieb. Seit dem Fall der Mauer kann wieder jedermann den Brocken erklimmen. Der Hexen-Laden brummt aber insgesamt so gut, dass für Thale, Bad Grund und viele andere Orte immer noch genug Kunden übrig bleiben, die sich für ihr Geld gern verhexen lassen.

Info **107**

Den **Hexentanzplatz** erreicht man bequem von Thale, Landkreis Harz, aus – zu Fuß mit festem Schuhwerk oder mit der Seilbahn.

Die Kraft der Elle

Wie ein Schneider bei Treuenbrietzen dem Teufel entkam

Eines ist sicher, der Schlag mit der Elle hat gesessen. Der Stein ist in zwei Teile zerbrochen, und so liegt er heute noch in der Landschaft, gut fünf Kilometer südlich von Treuenbrietzen und nur wenige Meter von der Bundesstraße 2 entfernt. Der Schneiderstein, so heißt die geteilte Klamotte, gehört zu einer ganzen Reihe von Findlingen im weitläufigen und waldigen Gebiet der Stadt. »Aus feinkörnigem, grauem Granit besteht der erste Block, wobei der zweite ins bräunliche geht«, erklärt eine Broschüre der Stadt- und Tourismusinformation Treuenbrietzen.

An dieser Stelle, die schon vor Jahrhunderten an einer viel benutzten Straße von Nord- nach Süddeutschland lag, zog einmal ein Schneider in Richtung Wittenberg. Am Finkenberg stellte sich ihm der Teufel in den Weg und wollte dem Schneider an den Kragen. Der Bursche bettelte um sein Leben. Satan, der ein Spieler ist, ließ den Schneider zappeln und stellte ihm eine Bedingung, die

Der Riesenstein bei Treuenbrietzen gehört zu den größten Findlingen Brandenburgs

für einen Menschen unerfüllbar ist. Gelänge es ihm, mit seiner Elle den dicken Stein am Straßenrand zu zerschlagen, so komme er ungeschoren davon. Schaffe er es nicht und zerbreche bloß die Elle, gehöre ihm des Schneiders Seele, sprach der Teufel und freute sich über jeden Tropfen Angstschweiß, der dem Jüngling auf die Stirn trat.

Der Schneider sah sich schon verloren. Vielleicht war es ein Engel, der ihm Mut zusprach. Jedenfalls zog er seine Elle aus dem Gepäck und hieb damit auf den Findling ein. Und siehe, der Stein sprang auseinander, so wie man ihn heute noch sieht. Fröhlich wanderte der Schneider weiter und ließ einen wütenden Teufel zurück.

Der Schneiderstein ist sauber in zwei Hälften geteilt

In einer weiteren von mindestens vier Varianten der Sage tritt der Teufel in der Verkleidung eines Schneiders einem anderen Schneider entgegen. Man hält gemeinsam Rast, kommt ins Gespräch und jeder prahlt mit seinen Ruhmestaten. Schließlich trägt der Geselle, der eigentlich der Teufel ist, besonders dicke auf. Mit seiner Elle schlage er alles und jeden in die Flucht, ja er schlage sogar diesen dicken Stein da am Straßenrand kaputt. Wetten? Der andere ließ sich darauf ein, wähnte er doch einen leichten Gewinn. Der verkleidete Teufel schlug zu, der Stein brach in zwei Teile. Für sich zum Lohn zauberte der Böse den Schneider in den Stein hinein. Dass man den Ärmsten darin jammern hören kann, wenn ein kräftiger Wind durch die Spalte weht, ist bislang nicht erforscht worden.

Der Schneiderstein liegt an der Steintour, einer touristische Route. Auf einer Radwanderkarte für den Naturpark Hoher Fläming ist die Tour für Radler ausgewiesen. Doch hat offensichtlich Luzifer an der Karte mitgewirkt und Verwirrung gestiftet. Es geht auf weiten Strecken über sandige Wege und quer durch das Unterholz. Dass die Beschilderung an vielen Stellen fehlt oder kaputt im Moos liegt, macht die Tour zu einem – teuflisch guten – Abenteuer.

Info **108**

Der **Schneiderstein** liegt – aus Richtung Treuenbrietzen, Landkreis Potsdam-Mittelmark – fünf Kilometer südlich der Stadt und rechts von der Bundesstraße 2.

Allen Versuchungen widerstanden

Die Teufelsschlucht bei Wehlen in der Sächsischen Schweiz

Die Kinder wollen wissen, wo der Teufel steckt? Wirklich? Na, dann los, den Rucksack mit Proviant und Wasser gepackt, feste Schuhe angezogen und auf geht's! In der Sächsischen Schweiz, einen Steinwurf von der Elbe entfernt, erstreckt sich zwischen der Stadt Wehlen und Uttewalde ein spannendes Wandergebiet. In der Stadt Wehlen geht es in Richtung Bastei und Uttewalder Grund. Bald hat man die Häuser hinter sich gelassen und taucht ein in eine Felsenlandschaft. Dann gabelt sich der Weg, nach links geht es in den Teufelsgrund, geradezu in den Uttewalder Grund mit dem Felsentor, das es ohne Satan nicht geben würde.

Im Uttewalder Grund, erzählt eine Sage, lebte einst ein frommer Einsiedler. »Er betete bei Tag und bei Nacht und war auch sonst stets ein guter Mensch«, heißt es da. Also einer, dessen Seele der Teufel unbedingt haben wollte. Je frommer ein Mensch war, desto größer war der Reiz für den dunklen Fürsten, ihn zu verderben. Nun sollte es Udo, so hieß der Einsiedler, sein.

Der Böse nistete sich in einer Felsenhöhle oberhalb des Grundes ein, die man heute noch »Teufelsküche« nennt. Er kochte einen stinkenden Schwefelbrei, um Udo aus dem Grund zu vertreiben. Doch dessen Gebete waren stärker und bald war der Gestank verflogen. Das Wasser einer Quelle verwandelte der Teufel in Wein, um Udo betrunken zu machen und besser verführen zu können. Wieder waren die Gebete des Einsiedlers dem Tun des Bösen gewachsen und bald floss wieder frisches Wasser anstelle des Weines aus dem Born. Nun entsandte Luzifer die verführerischsten Hexen in den Uttewalder Grund, um die ungezügelte Fleischeslust des Frommen zu wecken. Udo betete und betete und die lockenden Weiber verzogen sich. Aber mit Geld, meinte der Teufel, habe er noch jeden gepackt. Also verstreute er viele goldene Münze um Udos Hütte, hoffend, die Gier fresse seinen Glauben schon auf. Doch, oh Wunder, Udos Gebete verwandelten die Taler in Kieselsteine.

Da packte den Bösen die Wut, und wenn der Teufel nicht mehr weiter weiß, greift er sich einen dicken Stein und wirft damit. Konnte er Udo nicht überlisten, wollte er ihn mit einem Felsen zerquetschen. So schnell, wie der Stein auf Udo zuflog, hätte er ihn tödlich treffen müssen. Doch da kam ein Wesen herbei, eine Elfe oder ein Engel vielleicht, und schob die beiden Felsenwände

Teufelskammer, um 1930

Weg durch den Uttewalder Grund

blitzschnell zusammen, sodass der Stein des Teufels dazwischen festklemmte. Und dort steckt er heute noch, im Felsentor.

Der Weg durch den Teufelsgrund hat den Vorteil, ein Rundkurs zu sein. In der Teufelskammer schieben sich die Felswände so eng zusammen, dass die Lücke weniger als einen Meter breit ist. Ein Geländer gibt den nötigen Halt, und den sollten auch trittfeste Wanderer annehmen, denn es geht an manchen Stellen teuflisch steil hinab. Gute drei Stunden dauert der Rundweg durch die Teufelsschlucht. Danach weiß jedes Kind, wo der Teufel zu finden sein könnte.

Info 109

Start und Ziel einer **Wanderung** ist der Markt in Wehlen, Landkreis Sächsische Schweiz-Osterzgebirge.

Und bin so klug als wie zuvor

Wo man Goethes teuflisch gutem Drama in Weimar begegnen kann

Die Mitte ist schwarz, ein dunkler Raum, links und rechts Texte, kein Buch, keine Erstausgabe, kein aufwendig illustriertes und in Leder gebundenes Buch, nur Leere, Geist und bedrückende Einsamkeit. Hier, an zentraler Stelle, hat das Goethe-Museum in Weimar das Thema »Faust« angesiedelt.

»Faust« ist der Stoff, der Johann Wolfgang von Goethe (1749–1832) immer begleitet hat. Gut 60 Jahre hat er daran gearbeitet. Zum Klassiker, zum berühmtesten Drama der deutschsprachigen Literatur, hat es »Faust I« gebracht, veröffentlicht im Jahr 1808. Zwei wesentliche Quellen haben den Schriftsteller inspiriert. Da ist zuerst die Legende um den Gelehrten Johann Georg Faust, der sich mit dem Bösen verbündet haben soll, um die Grenzen menschlichen Vermögens zu überwinden. Faust soll von 1480 bis 1541 gelebt haben, ehe ihn Luzifer zu sich in die Hölle holte.

Die zweite prägende Grundlage ist die Hinrichtung von Susanna Margaretha Brandt im Jahr 1772 in Frankfurt am Main, die ihr neu geborenes Kind

Das Arbeitszimmer des Dichters im Goethehaus

getötet hatte. Goethe war zu dieser Zeit Rechtsanwalt in Frankfurt und kannte den Prozess, der für viel Aufsehen in der Stadt gesorgt hatte. Als Gretchen taucht Susanna Margaretha Brandt wieder auf. Gretchen wurde von Faust schwanger und tötete das Kind aus Angst vor Ächtung. Auch die wahre Grete sagte im Prozess aus, dass wohl der Teufel seine Finger im Spiel gehabt habe, um ihr die Sinne zu rauben und dem Wandergesellen gefügig zu machen.

Im Faust-Raum im Goethe-Museum liest man über Goethes Motive: »Mit der Gelehrtentragödie verhandelt er die Grenzen wissenschaftlicher Erkenntnis; mit der Gretchen-Handlung reflektiert er die Beschränktheit einer bürgerlichen Welt mit all ihren sozialen und religiösen Normen.«

Der Meister und seine Büsten

Goethe erlebt eine Welt, die sich grundlegend verändert. Vor allem technische Erfindungen bringen Tempo in die Entwicklungen. Der Mensch kann sich im Ballon in die Luft erheben, er verwandelt in der Dampfmaschine die Elemente Feuer und Wasser in Kraft. Genug ist nicht genug, nur das Streben nach Höherem bringt die Welt voran. Das ist es, was Goethe seinem Dr. Heinrich Faust auf den Leib schreibt. Faust stößt an die Grenzen der Wissenschaft: »Da steh ich nun, ich armer Tor, und bin so klug als wie zuvor«, lässt Goethe seinen Helden sagen. Und schon ist Mephisto zur Stelle und trägt dem Bedrückten seine Dienste an.

Faust sagt ja, folgt seinem historischen Vorbild und wird gleichsam zur Schablone für all jene Wissenschaftler, die Grenzen überschreiten, insbesondere ethische und die der vermeintlichen Vernunft. Das Ende vom Lied: Johann Georg Faust hat der Teufel geholt. Seinem Heinrich, der schließlich den ewig schönen Augenblick bekommt, den er von Satan so sehr begehrte, schenkt Goethe ein Happy End. Ihn tragen die Engel in den Himmel. Wieder einmal hat der Teufel das Nachsehen.

Info **110**

Das **Goethe-Nationalmuseum** mit Goethes Wohnhaus steht am Frauenplan 1 in Weimar.

Der mysteriöse Tod im alten Kornhaus

War der Herzog von Sachsen-Weimar des Teufels?

Im alten Kornhaus in Weimar, sagt man, geht ein Geist um. Das Gebäude diente lange Zeit zum Lagern von Getreide. Und zum Verwahren von Gefangenen. Einer von ihnen konnte nach seinem Tod keine Ruhe finden, weil er sich mit dem Teufel eingelassen hatte. Jedenfalls hatte er den Pakt mit dem Leibhaftigen gestanden, erzählt eine Sage.

Sicher ist, dass Johann Friedrich von Sachsen-Weimar (1600–1628) in diesem Gebäude den Tod gefunden hat. Nicht geklärt dagegen ist, wie. »Die Spekulationen reichen von Suizid bis Auftragsmord; nach dem derzeitigen Stand der Forschung kann weder das eine noch das andere schlüssig bewiesen werden.«

Johann Friedrich war das achte von zwölf Kindern von Herzog Johann III. von Sachsen-Weimar (1570–1605) und Dorothea Maria von Anhalt (1574–1617). Auch wenn er den Titel eines Herzogs trug, regierte er nie. Wie seine Brüder zog er im Dreißigjährigen Krieg in die Schlacht. Als er im Jahr 1623 floh und in Frankreich landete, änderte sich sein Leben gründlich. Dort »muss er mit den humanistischen und alchimistischen Schriften Paracelsus' und ande-

Das Johann-Friedrich-Epitaph in der Herderkirche

rer Autoren in Berührung gekommen sein«, notiert Historiker Christian Pönitz in seinem Beitrag über »Das mysteriöse Schicksal Johann Friedrichs«.

Fortan mied er den Hof seiner Brüder in Weimar und zog sich in die einsame Stille zurück. Pönitz zufolge sammelte der Herzog dort Beschwörungsformeln, die ihm im Krieg zum Sieg verhelfen sollten. Überdies befasste er sich mit theologischen Problemen, etwa diesem: »Weil Alles, was Gott erschaffen habe, vergänglich sey, so könnten auch die Seelen der Menschen und Thiere, als dessen Geschöpfe, keine Ausnahme davon machen.« Johann Friedrich bestritt die Auferstehung am jüngsten Tag, und das galt damals unmissverständlich als Ketzerei.

Johann Friedrich von Sachsen-Weimar

Da er weiter im Kriegsgeschehen mitmischte, war er seinen Brüdern suspekt. 1627 nahmen sie ihn fest, am 1. November kam er nach Weimar, ins alte Kornhaus, nur ein paar Schritte von der Stadtkirche entfernt, in der ihre Eltern beigesetzt worden waren und die Kinder nach dem Tod der Mutter ein imposantes Epitaph errichten ließen.

Die Brüder ließen die Güter Johann Friedrichs untersuchen. Gefunden wurden dabei Zauberformeln, die Johann Friedrich selbst angefertigt haben soll. Menschen aus seinem Umfeld wurden verhört. Er selbst musste sich von »feindseligen Theologen« (Pönitz) befragen lassen. Am 16. Oktober 1628 gestand Johann Friedrich, einen Pakt mit dem Teufel geschlossen zu haben. Tags drauf fand man seinen leblosen Körper in der Zelle.

Seinen Geist offenbar nicht. Ein Offizier wollte dem Spuk ein Ende setzen, lud ein paar Freunde ein, mit ihm die Nacht im alten Kornhaus zu verbringen. Das sollte ihnen nicht gut bekommen. Das Gespenst verpasste ihnen eine kräftige Abreibung.

Info **111**

Das Epitaph steht im Altarraum der Stadt- beziehungsweise **Herderkirche** am Herderplatz in Weimar.

Die letzte Niete

Warum das Teufelsgitter zu Wismar unvollendet blieb

Verbieten nützt oft nichts. Das ist wie mit den Dingen, die die Eltern ihren Kindern untersagen und dadurch erst richtig interessant machen. In der St. Nikolai-Kirche in Wismar steht ein bronzenes Taufbecken, umgeben von einem kunstvoll gefertigten Gitter, das man in der Hansestadt an der Ostsee nur als »Teufelsgitter« kennt. »Nach dem Volksglauben sollte das Gitter ›böse Mächte‹ vom Taufwasser fernhalten«, liest man im einem Erklärheftchen der Nikolai-Kirche.

Das Taufbecken wurde um 1335 gegossen, das Gitter kam etwa 100 Jahre später dazu. Wie manche wertvollen Gegenstände, die man heute in St. Nikolai findet, gehörten Becken und Gitter ursprünglich der St. Marien-Kirche in Wismar. Doch diese wurde in den letzten Kriegstagen durch alliierte Luftminen schwer beschädigt. Die Gewölbe stürzten ein, das südliche Seitenschiff und die Südvorhalle gingen nieder. Obwohl keine unmittelbare Gefahr eines Einsturzes bestand, wurden 1960 unter Protest zahlreicher Einwohner Langhaus und Chor

Heute steht das Becken mit dem Gitter in der Nikolai-Kirche

der St. Marien-Kirche gesprengt und das Baumaterial zu Schotter verarbeitet. Nur der Turm blieb stehen. Man brauchte ihn noch als weithin sichtbares Seezeichen für die Schiffe. St. Nikolai dagegen blieb heil und diente fortan als Hüterin der Schätze aus den kaputten Kirchen Wismars.

Um das Teufelsgitter ranken sich verschiedene Sagen. In einer versprach der Teufel dem Schmied 100 Goldtaler, wenn er das Gitter in einem endlosen Stück innerhalb eines Tages herstellen würde, und zwar so, wie es dem Leibhaftigen in den Kram passte.

Rest der Marien-Kirche

Eine andere reicht ins Jahr 1344 zurück. Ein Schlossergeselle liebte die Tochter seines Meisters. Doch der wollte erst 100 Goldtaler von dem Jüngling sehen. Der Geselle klagte einem feinen Herrn sein Leid, und der war kein Geringerer als der Teufel, dem er auf Befragen den Grund seiner Betrübnis erzählte. Mit einer List brachte Luzifer den Meister dazu, den Gesellen die Arbeit am Gitter ausführen zu lassen. Nun trat Luzifer an den Gesellen heran und sprach: Wenn der Bursche das Gitter in der Zeit vom ersten Hahnenschrei bis eine Stunde nach Mitternacht vollenden würde, dann bekomme er 100 Goldtaler. Gelänge dieses nicht, so gehöre er dem Teufel.

Da begriff der Geselle, mit wem er zu tun hatte, ging den Vertrag aber dennoch ein. Er machte sich an die Arbeit, und es gelang ihm, das Gitter in der festgelegten Zeit soweit zu vollenden, dass nur noch ein einziger Stift einzunieten war. Da hörte er, wie die Glocke Eins ankündigte. In seiner Angst rief er die Mutter Gottes an. Als es ein Uhr schlug, hob ein furchtbares Geheul an und der Geselle fiel in Ohnmacht.

Als er erwachte, lagen der Vertrag mit dem Teufel und der Beutel mit dem Geld neben ihm. In der Beichte gestand er alles. Ihm wurde vergeben. Überdies erhielt er von seinem Meister die Hand seiner Tochter. Der Geselle hatte die Arbeit fast vollendet – ein Loch ist bis auf den heutigen Tag ohne Niet geblieben.

Info **112**

Die **St. Nikolai-Kirche** befindet sich am Spiegelberg 14 in Wismar.

Ortsregister

Aachen S. 14
Altenahr S. 16
Ascheberg S. 18
Augsburg S. 20
Bad Belzig S. 22
Bad Dürkheim S. 24
Bad Grund S. 227
Bad Harzburg S. 26
Bad Laer S. 28
Bad Münder S. 33
Bad Münster S. 30
Bad Sobernheim S. 61
Baiersbronn S. 34
Barsinghausen S. 33, 206
Bergen/Rügen S. 36
Berlin S. 28, 40, 42, 44, 46, 106
Binz S. 215
Blankenburg/Harz S. 48
Bollschweil S. 50
Brandenburg an der Havel S. 52, 54, 128, 191
Braunschweig S. 135
Bremen S. 56, 184
Brück S. 58
Bruschied S. 60
Büdingen S. 62
Buttstädt S. 64
Coppenbrügge S. 66
Dissen-Striesow S. 68
Dresden S. 218
Drosa S. 70
Düsseldorf S. 106
Eisenach S. 72, 219
Ellrich S. 174
Eltville am Rhein S. 74
Epenwöhrden S. 76
Esslingen am Neckar S. 78
Feldberger Seenlandschaft S. 80
Frankfurt am Main S. 82, 232
Freiburg im Breisgau S. 84, 116
Friesack S. 86
Fürstenwalde/Spree S. 200
Fulda S. 88, 96
Gelsenkirchen S. 90
Gerbershausen S. 92
Glashütte/Sachsen S. 94
Göttingen S. 139
Goslar S. 96
Grainau S. 98
Grebenhain S. 100
Halberstadt S. 102, 106
Haldensleben S. 104
Hamburg S. 106, 108, 110
Hameln S. 66
Hannover S. 112, 206
Hemmingstedt S. 76
Hildesheim S. 96, 114
Hinterzarten S. 116
Horn-Bad Meinberg S. 118
Jena S. 120, 218
Kaiserslautern S. 122
Kamenz S. 124
Kassel S. 126
Kiel S. 106
Kloster Lehnin S. 128, 130
Kneitlingen S. 223
Knittlingen S. 223
Köln S. 132
Königslutter am Elm S. 134
Konstanz S. 136
Landin S. 87, 138
Landsberg am Lech S. 140
Leipzig S. 142
Lichtenberg/Franken S. 144
Lindewerra S. 93
Loffenau S. 146
Lübeck S. 148, 150, 198
Lutherstadt Wittenberg S. 229
Magdeburg S. 152, 154
Mannheim S. 156
Mayen S. 158
Mechtshausen S. 160
Medelby S. 162
Mellrichstadt S. 164
München S. 123, 166
Murrhardt S. 168
Naila S. 144
Neustadt (Hessen) S. 170
Nordhausen S. 172, 174, 189
Nürnberg S. 176
Oldenswort S. 178
Orscholz S. 180
Oschatz S. 182
Osterholz-Scharmbeck S. 184
Oybon S. 186
Peenemünde S. 188
Peitz S. 69
Potsdam S. 39, 67, 190
Pottenstein S. 192
Prenzlau S. 194
Pudagla S. 196
Quedlinburg S. 48, 227
Ratzeburg S. 198
Rauen S. 200
Regensburg S. 202
Remscheid S. 204
Rodenberg S. 206
Rostock S. 208
Rotenburg/Wümme S. 184
Rottenbach S. 210
Schmiedefeld S. 212
Seesen S. 160
Sellin S. 214
St. Goarshausen S. 216
Stadtroda S. 218
Stahnsdorf S. 220
Staufen im Breisgau S. 222
Stralsund S. 224
Thale S. 226
Treuenbrietzen S. 228
Wehlen/Sachsen S. 230
Wennigsen/Deister S. 206
Weimar S. 232, 234
Wismar S. 236
Worpswede S. 185

Übersichtskarte

Die Zahlen verweisen auf die fortlaufend durchnummerierten Kapitel zu den ausgewählten 112 »teuflischen Orten« in Deutschland.

Bildnachweise

CIA City Initiative Augsburg (21) – Tourismus Information Bad Dürkheim (25) – Ilse Diekbreder, Bad Laer (29) – Baiersbronn Touristik (34) – Andreas Lutz, Bollschweil-St.Ulrich (51) – Jörg Hustedt, Bremen (57, links) – Privatarchiv Dr. Peter Altmayer, Bruschied (60, 61) – Thomas Appel, Büdingen (62) – Stiftung Kloster Eberbach (75) – Christiane Rathmann, Stuttgart (78) – Frank Bürstenbinder, Brielow (80) – Felizitas Brosge, Freiburg im Breisgau (84) – Archiv Propsteipfarrei St. Urbanus Gelsenkirchen (90, 91) – Marie Will, Brandenburg an der Havel (107) – Jenakultur, Andreas Hub, Jena (121) – 1. FC Kaiserslautern (122, 123) – Stadtverwaltung Kamenz (124, 125) – Landesvermessung und Geobasisinformation Brandenburg (129) – Anja Schmollack, Treuenbrietzen (156, 157) – Dieter Kummerfeld, Joldelund (162, 163) – Rudolf Mauder, Heimatmuseum Salzhaus Mellrichstadt (164, 165) – Dr. Michael Linnenbach, Nußloch (168) – Robert F. Tobler, Wikimedia Commons/CC-BY-SA 4.0 (169) – Magistrat der Stadt Neustadt (Hessen) (171) – Echter Nordhäuser Traditonsbrennerei (172, 173) – Alfred Jordy, Oldenswort (178, 179) – Erlebnis Akademie AG/Baumwipfelpfad Saarschleife, Mettlach (181, 182) – Axel Donath, Ev.-Luth. Pfarramt St. Aegidien Oschatz (183) – Jörn Martens, Bremen (184) – Swetlana Neumann, Wiesenburg/Mark (193 beide, 231 rechts) – Universitäts-Bibliothek Erlangen (195 links) – Bernhardt Rengert, Boitzenburg (195 rechts) – Dr. Bernd Richter, Bergisch-Gladbach (205) – Jana Schulze, Rostock (208) – Heilgrotten Morassina mit Heilstollen-Therapie, Schmiedefeld, (212, 213)

Die übrigen Fotografien und historischen Abbildungen stammen vom Verfasser und aus dessen Sammlung.

Über den Autor

Heiko Hesse, geboren 1964 in Berlin, studierte Publizistik, Politische Wissenschaften und Geschichte an der Freien Universität, und ist seit 1994 Redakteur der Märkischen Allgemeinen in Brandenburg an der Havel. Er veröffentlichte bereits mehrere Bücher und schrieb Komödien mit regionalhistorischem Hintergrund, die am Lehniner Klostertheater aufgeführt wurden. Zuletzt erschien von ihm im be.bra verlag »Till Eulenspiegel zieht durch die Mark«.